プロローグ　今の時代に図書館は必要か

◆情報環境の変化

インターネットの普及によって、この十数年で情報に接する環境は大きく変わりました。変化の渦中にいると気がつきにくいこともあるので、私が大学生だった一九九〇年頃のことを思い返してみます。

私は旅が好きです。その頃、旅に出かけるには図書館や書店で、ガイドブック、時刻表や地図などを入手しました。現在はそうしたものは不可欠ではなく携帯端末が一つあれば事足ります。時刻表に出ていないようなローカルなバスの時刻も確認できるし、宿の設備や値段、利用者の口コミ情報までわかります。

当時、私は大学で日本史を専攻していました。ある単語や人名を調べるため、代表な歴史の史料には目を通すように先生にいわれました。索引もなく、貸してもらえない史料集も多かったので、図書館にこもって本をめくっていました。漢字だらけの古記録や古文書を見ていくのはたいへんでしたが、だんだん目が慣れてきて、はじめは一日一冊も目を通せなかったのが、三冊、四冊と増えていったような憶えがあります。今ではデータベース化されている史料も多いので、そんな面倒なことをする機会は少ないのかもしれません。目的の言葉で検索すれば数秒で単語や人名の用例がわかるはずです。

卒業してからは図書館司書という仕事に就きました。図書館でも、目録の電子化、インターネットでの検索、昨今の電子書籍との関係など、情報環境への対応が続いていきます。そして図書館に限らず、今日までの間にインターネットは生活に根付いていき、情報への接し方はずいぶん変わりました。

私と同じように、その変化を体験してきた方には、情報を知る手段が紙からデジタルに置き換わった感覚があるでしょう。ガイドブック、時刻表や地図から、日本史の史料まで、インターネットに接続すれば情報を得ることができます。国や自治体など公機関が出している統計や報告ですら、紙で刊行するのをやめてインターネットだけでの公開になったものが増えています。

現在、あらゆる情報がデジタル化されてインターネットに公開されているわけではあ

りません。また、全ての国民がインターネットを使える環境にはないし、機器の操作が苦手な人への配慮も必要です。公共図書館であれば、それはひとつの役割です。しかし社会全体としてみた場合、日常生活に必要な情報を得るという点で、インターネットを使って容易にアクセスできる環境になったことは間違いありません。当然、その部分で図書館の必要性は薄くなったはずです。

はたして、今の時代に図書館は必要なのでしょうか。図書館に勤めながら「図書館って何だろう」と、ことあるごとに考えて私の頭の中も整理されてきました。図書館だからこそできること、今まで気がつかなかった長所もたくさん発見しました。私が知っている図書館での調べる機能やノウハウを通して、今の時代だからこそ図書館が持っている強みを、この一冊で明らかにしていきます。

図書館とレファレンス・サービス

読んでいただく前に、自己紹介を兼ねて図書館司書という仕事を説明しておきます。図書館で働くには、図書館の資料（資料とは本や雑誌などのことです）、各種の情報、図

書館の機能・サービスなどについての実務的な知識が必要です。そうしたことを大学や講習会で学ぶと図書館司書という資格を取得できます。

皆さんがよく見かける図書館で働いている人は、カウンターで貸し出しや返却の処理をしたり、本を運んで棚に戻したりする姿かもしれません。でも、それは図書館の仕事のごく一部で、本の情報収集や購入、データの整備、他の図書館との協力、さまざまな広報や企画など、バックヤードで図書館員は幅広い仕事をしているのです。

図書館の仕事のひとつに、レファレンス・サービスがあります。よく「調べもののお手伝い」と説明されています。「こんな事柄を調べているのですが、わかる本はないですか?」みたいな質問に「この本に出ていましたよ」などと案内する仕事です。あまり耳慣れない言葉だと思いますが、他に置き換えてぴったりする用語もないので、この本ではそのままレファレンスと書いていきます。また、わざわざ「お手伝い」と断っているのは、調べる主体は質問者自身で、図書館員ではないからです。したがって、この本で私の体験談などを紹介するときには「私が調べもののお手伝いをしていると」と書くべきなのでしょうが、くどい文章になるので違和感はあるものの「私が調べていると」

と書いていくことにします。

世間には、本イコール読書、図書館イコール読書といったイメージが根強いような気がします。読書というと一冊の本を最初から最後まできちんと読む行為に感じますが、この本ではそうした読書らしいことは取りあげません。この本で説明していくのは、ぱらぱらめくって気になったところだけ目を通すとか、本の一部分だけを抜き出して利用するような使い方です。辞典をはじめから一冊読んだりはしませんよね。図書館用語では辞典類などの参考図書をレファレンス・ツールということがあります。ツールだから道具です。調べるときには本を道具のように使っていく感覚も必要になります。

図書館といっても、学校図書館、公共図書館、大学図書館など、規模も蔵書も多種多様です。多くの人が身近に使える公共図書館をベースに書き進めていきますが、それ以外の図書館でも役に立つことをたくさん盛り込んでおきます。すぐ実践できる図書館での調べ方や考え方を中心に説明していきますが、将来、何かの際に、この本に書いてあったことを思い出して仕事や人生のヒントにしてもらえればいいなとも期待しています。

それだけ図書館は普遍的な魅力がある空間なのです。

イラスト★箸井地図

目次 * Contents

第1章　分類からの発見

◆分類はなぜ必要か

図書館の本に貼《は》ってあるラベルの数字を気にしたことがありますか。分類番号といって意味や決まりごとのある数字です。図書館を使いこなすためには必ず知っておいたほうがいい仕組みなので、まず簡単に説明しておきます。

よく「図書館は本がどう並んでいるのかわかりにくい」という意見をいただきます。ごもっともだと思います。実は私が図書館の分類についてきちんと理解したのは、図書館司書の資格を取得する講習会でした。当時、「どうしてこういうこと、学校で教えてくれなかったんだろう」と疑問に感じたものです。世代や地域によるのかもしれませんが、私の友人、知人にも分類の仕組みを知らない人はたくさんいます。大学の先生でも、自分が研究している分野の本にどういう分類番号が付けられているのか、あまり知らない方もいるようです。

分類は図書館の本の並び方を示すルールなので、もし分類を知らなかったら、何がどう並んでいるのかわからないまま本を探していることになります。それでは「図書館で調べものをするのが苦手」になるのも当然です。逆に分類を知っておけば、自分の求めている情報をすいすい探していくことができます。

なぜ、分類という仕組みが必要なのでしょうか。何千冊、何万冊も本があったら、何がしかのルールを決めて本を並べるのは、ごく自然な行為です。図書館だったら、ある事柄の本が見たいという人が多いので、内容ごとに並べるのが合理的です。

多くの物を内容ごとに分けて置くというのは図書館だけの特殊事情ではなく、家電量販店だったら、テレビ、洗濯機、エアコンと売り場が分かれていきます。スーパーマーケットで、魚、肉、野菜と分けているのも似たようなものです。さらに家電量販店だったら、テレビをメーカーや大きさごとに分けているし、スーパーマーケットの鮮魚売り場だったら、刺身、切り身、干物と並べています。だんだんと細かく分けていく点では図書館の分類と変わりない仕組みです。

書店も同じです。でも書店の本にはラベルなんか貼っていません。大規模な書店だったら、どこの棚に並んでいる本なのかデータで管理していますが、本を見ただけでは判別できません。なぜ書店にいらないものが図書館で必要なのでしょうか。理由はいくつか考えられます。たとえば書店の本はレジに持っていって買えばおしまいなのに対し、図書館の本は返却されたり調べものが終わったりするたびに棚に戻します。どこに並んでいるのかが一目でわかるようにしておいたほうが便利です。

また、図書館ごとにぜんぜん違う仕組みで本が並んでいるよりは、ある程度、決まった仕組みで本が並んでいたほうが、どこの図書館でも同じように本を探せるし調べものができるので便利です。日本の多くの図書館でスタンダードに使っているのが日本十進分類法です。略称でNDC（Nippon Decimal Classification）と呼びます。

小学校の図書館などでは分類にこだわらず教科にあわせて並べ替えていることもあるし、分野が限られている大学図書館や専門図書館では独自の分類を用いたりもしますが、日本の大多数の図書館では日本十進分類法をもとに本が並んでいます。学校図書館でも公共図書館でも本に貼ってあるラベルが［4］で始まる数字だったら自然科学系の本、［8］で始まる数字だったら言語関係の本のはずです。

◆数字には意味がある

分類番号は本に貼ってあるラベルの一段目に記入された数字だと考えてかまいません。（注＝厳密にはラベルの数字だけでなく、一冊の本のデータに二つ、三つと分類番号を追加していけます）。この数字は本の置き場所を示すだけのものではなく、数字や桁《けた》が意味を持っています。

図書館員は［216］というラベルの数字を見て、「一桁目の［2］が歴史で、二桁目の［1］は日本で、三桁目の［6］は近畿地方だったかな、だからこれは近畿地方の歴史の本」と本のだいたいの内容を判別できます。逆に、近畿地方の歴史を調べていたら［216］の棚に行けば何かあるだろうと思い浮かべられます。［216］の三桁目が一つ違う［215］なら中部地方、［217］なら中国地方の歴史の本です。

一桁目が［4］なら自然科学（医学・薬学を含む）の本です。二桁目を追加していくと、［40］が自然科学全般、［41］が数学、［42］が物理学、［43］化学、［44］天文学・宇宙科学、［45］地球科学・地学、［46］生物科学・一般生物学、［47］植物学、［48］動物学、［49］医学・薬学、という分類になっています。

何丁目何番地何号みたいな住所表示を考えるとわかりやすいかもしれません。4丁目なら自然科学という大きなグループで、1番地が数学、2番地が物理学とつづき、最後の9番地が医学・薬学です。病院や薬局ばかり並んでいる番地だと思ってください。さらに病院も専門ごとに分かれていて、4丁目9番地3号は内科、4号は外科、5号は産婦人科です。実際、[493]には内科学、[494]には外科学、[495]には婦人科学・産科学の本が並んでいます。

それでは内科も外科も産婦人科も入っているような総合病院、すなわち医学全般について書かれている本はどこに置かれているのでしょう。本をばらばらにして内容ごとに並べるわけにはいかないので、大きなテーマを扱った本は、その分類の冒頭、すなわち[49]のはじめに0番地を作ってまとめます。[490]です。分類の特色ですが、全体的なものを収める分類には[0]を付けることが多いのです。

仮に《化学と生物と医学》という学者の対談集があって、化学[43]とも生物科学[46]とも医学[49]ともつかない内容だったら、[4]のはじめの自然科学全般の棚に置いてしまうこともあります。すなわち[40]ではじまる番号です。

学校図書館や公共図書館の児童書コーナーなど蔵書数が少なければ、あまり詳しく分ける必要がないので［49］と二桁で終わりにしているかもしれませんが、一般的には［493］のように三桁に揃《そろ》えた表記をします。本がたくさんある図書館では、さらに詳しく分類して四桁目、五桁目を用いることもあります。その場合、見やすさを考えて［493．25］と三桁目に点をつけます。「よんひゃくきゅうじゅうさん　てん　にじゅうご」ではなくて「よんきゅうさん　てん　にご」と読んでいます。いちおう解説しておくと［493］が内科学、［493．2］で循環器の病気、［493．25］だと高血圧・低血圧になります。

みなさんに知っておいてもらいたいのは数字の暗記ではありません。数字には意味があって、桁が増えるごとに詳しく分けられていく仕組みです。

◆分類を書架で考える

分類の仕組みをなんとなく理解できたら、本が実際の書架（本棚のこと）にどう並んでいるのかを考えてみましょう。数字だけの一覧表を見ているだけでは気がつかないこ

図１　分類の例

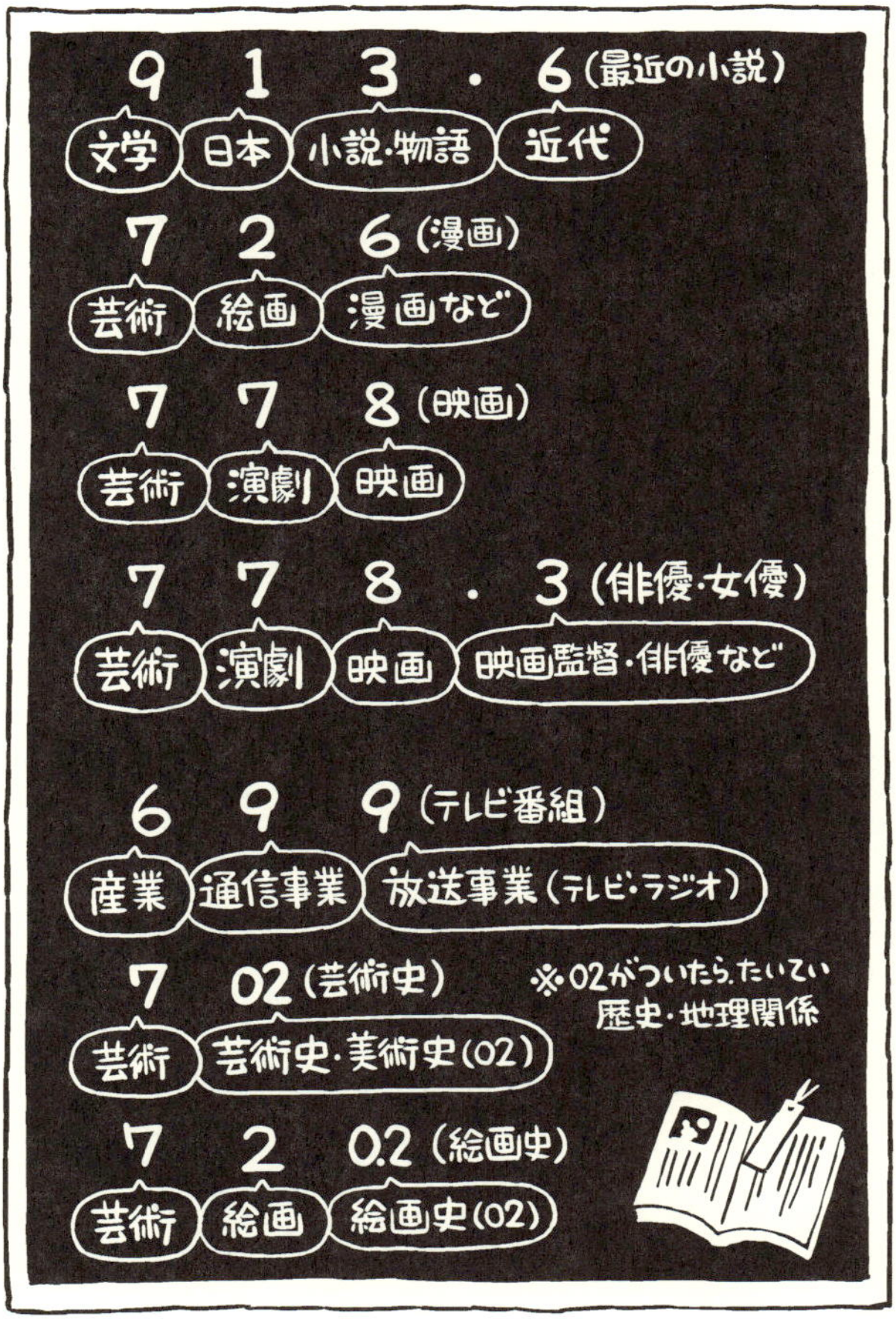
9 1 3 . 6 (最近の小説)
文学
日本
小説・物語
近代
7 2 6 (漫画)
芸術
絵画
漫画など
7 7 8 (映画)
芸術
演劇
映画
7 7 8 . 3 (俳優・女優)
芸術
演劇
映画
映画監督・俳優など
6 9 9 (テレビ番組)
産業
通信事業
放送事業 (テレビ・ラジオ)
7 02 (芸術史)
芸術
芸術史・美術史(02)
※02がついたら、たいてい
歴史・地理関係
7 2 0.2 (絵画史)
芸術
絵画
絵画史(02)

ともあります。

日本の地理の書架を例に説明するとわかりやすいでしょう。日本の地理は［291］という番号で、最初の［2］が歴史や地理、［9］が地理、［1］が日本を意味しています。地理の本はたくさんあるので、もう少し詳しく分類したほうがいいかもしれません。［291．1］が北海道の本、［291．2］が東北地方の本と、北から南に並んでいって［291．9］が九州・沖縄地方の本になります。もしそれでも本が多すぎて使いにくいようだったら、もう一桁追加することができます。東北地方なら［291．21］は青森県、［291．22］は岩手県、［291．23］は秋田県、以下、宮城県、山形県、福島県と並びます。

今、地理の書架の前に福島県のことを調べている人がいたとします。日本全体の地理の［291］に並んでいる本より詳しく知りたくて、東北地方の地理の［291．2］に移って、さらに詳しい本が必要なときは、東北地方が県別に並んでいるところを順に見ていけば福島県［291．26］にたどりつけます。分類番号の桁が増えていくにしたがって、書架の右（そして下）の棚を見ていることになります。

一方、福島県の本を手に取って、そんなに詳しくなくて大まかなことがわかれば十分ということだったら、左（そして上）の棚を見ていけば、東北の地理、そして日本の地理の本が見つかるはずです。福島県の棚にちょうどいい本がなければ、《東北の地理》をめくって福島県の項目を探してもいいし、《日本の地理》をめくって東北地方や県別の項目を見ていけば、求めている福島県の記述が出ているかもしれません。日本全体の棚には《日本の地理を知る》全一〇冊というシリーズがまとめて並んでいて、その第二巻が東北地方ということも

図２　書架の例

あります。鹿児島県や沖縄県の本を調べていて日本全体の本からも探そうとしたら、ちょっと間隔が空いてしまいますが、ずうっと左（上）に目を向ければ日本全体の本が並んでいます。

先ほど《化学と生物と医学》なら、自然科学全般の［40］に分類されるかもしれないと書きました。医学の［49］から［40］はかなり離れている上、宇宙とか地学とか関係ない書架が間にはさまっていますが、その分野の冒頭から思わぬ情報が見つかることはけっこうあります。「空はどうして青いの？」の説明は、空の本だけでなく《身近な自然の不思議》にも載っていそうでしょう。「もっと大きな視点で扱った本に出ているかも」「その分野の雑学をまとめたような本に出ていないかな」などとひらめいたら、ぜひ書架の左側に目を向けてみてください。

さて、日本の地理だったら、北から南に都道府県が並んでいます。歴史の本だったら、有史以前から、古代、中世、近世、近代、近現代と並んでいます。当たり前かもしれませんが、図書館の書架では内容の似たものや関連性の高いものが、近くの書架に並ぶようになっています。

［51］は土木の分類です。［51］の後半部分を見ていくと、［514］道路工学、［515］橋梁工学、［516］鉄道工学、［517］河海工学・河川工学、［518］衛生工学・都市工学、と続いています。なんとなく、道路ができて橋がかかって鉄道も走って、海や川を整備して、上下水道を施設して都市計画をする、という流れになっています。このあと［52］は建築なので、バトンタッチもうまくできています。けっこうよく考えられているものだと思いませんか。

図書館の分類は分けるためだけにあるわけではなく、分けて使うためにあります。分類の仕組みを知って書架を見ていけば、これまでとは違った感じで図書館を使いこなしていけるし、書架の持っている力を引き出すことができるのです。

◆全体の位置づけを知る

分類を理解するには、自分が手に取った本がどこに並んでいて、ラベルにどんな番号が付いているのかを気にとめるといいかもしれません。

パソコンなどで蔵書検索したとき、検索結果の一覧画面を見ていけば、だいたいどの分類に本が多いのかがわかります。例えば「鉄道」で蔵書検索して本の情報を見たら、たくさんの検索結果の中で［686］と［516］という分類番号に自分の気になる本が多かったとします。何の分類だか気にせず、とりあえず［686］［516］とメモして、書架にいってみましょう。いずれの分類にも鉄道の本は並んでいますが、それぞれに特色があることがわかります。［686］は鉄道事業や交通網の本で、［516］は線路工事などの本でした。

なんで、そんなに離れて分類されているのでしょうか。周りに並んでいる本や書架の案内の表示で確かめてみてください。［686］なら、産業［6］→交通［8］→鉄道［6］という場所で、両隣の［685］は自動車運送、［687］には航空運送の本が並んでいます。全体の中での［686］の位置づけが見えてきます。同じく［516］は技術→土木工学→鉄道工学です。ほかに［536］（技術→機械→鉄道車両）、［546］（技術→電気工学→電気鉄道）にも鉄道の本は並んでいます。

こんな風に書架を見ていけば、分類の仕組みにも慣れると思います。図書館の中のいろいろな書架に本が散らばっているような感覚もつかめてくるでしょう。

大学や研究機関では学問の細分化が進んでいて、専門分野に特化しすぎる弊害が生じているといった話を耳にしたことがあります。図書館的に見れば分類の桁がどんどん増えていくような感じでしょうか。たまには分類の桁を削って全体の位置づけを確かめるような機会があってもいいのかもしれません。

その一方、大学では文学部、理学部、経済学部など昔ながらの学問の区分ではうまくいかなくなったことも多いらしく、学問の再編成も起こっているようです。国際情報なんたら学部とか、私には何を教えているのかすぐにはピンとこない学部や学科の名称もあります。図書館では相変わらず文学部、理学部、経済学部的に本が並んでいますが、学問や社会の変化に応じて、そこだけの分類に固執するのではなく、いろいろな書架に並んでいる本に目を配りたいものです。

◆全分野が広がる魅力

図書館の魅力のひとつはすべての分野の本が並んでいることです。どんな本でも「0」から始まって「9」で終わる分類のどこかに置き場所があるのです。

同じ建物の中にあらゆるジャンルの本がひしめいています。インターネットで全分野の情報を通覧しようとしたら、どうしていいのか悩んでしまいますが、図書館では書架の間を一回りすることで可能なのです。歩いていけば、どの本とも一瞬くらいは接しています。昔の生活が記録されていたり、何万光年先の宇宙の想像図があったり、最新技術が説明されていたり、フィクションの世界が広がっていたりします。この図書館の特徴を活かさない手はありません。

仮に、修学旅行の行き先が沖縄になって、事前に沖縄について調べる課題が出たとします。そこで、左ページの分類表を見ながら図書館の中にある沖縄が出ていそうな本を見つけていきましょう。

ざっと思いつくままに、［0］にある百科事典には沖縄に関する項目がたくさん載っています。［1］なら沖縄の思想や宗教について。［2］は沖縄の歴史や地理の本。［3］は沖縄の経済、社会問題、民俗学など。［4］は沖縄の自然や動植物で、［49］の医学には長寿に関する本もあるかもしれません。［5］には特色ある建築、各種の工業、沖縄料理の作り方なら［59］（家政学）です。［6］は、農業、畜産業、水産業から観光

図３ 『日本十進分類法（NDC）』新訂９版

第２次区分表（綱目表）

00 **総記**
01 図書館．図書館学
02 図書．書誌学
03 百科事典
04 一般論文集．一般講演集
05 逐次刊行物
06 団体
07 ジャーナリズム．新聞
08 叢書．全集．選集
09＋ 貴重書．郷土資料．その他の特別コレクション

10 **哲学**
11 哲学各論
12 東洋思想
13 西洋哲学
14 心理学
15 倫理学．道徳
16 **宗教**
17 神道
18 仏教
19 キリスト教

20 **歴史**
21 日本史
22 アジア史．東洋史
23 ヨーロッパ史．西洋史
24 アフリカ史
25 北アメリカ史
26 南アメリカ史
27 オセアニア史．南極地方史
28 伝記
29 **地理．地誌．紀行**

30 **社会科学**
31 政治
32 法律
33 経済
34 財政
35 統計
36 社会
37 教育
38 風俗習慣．民俗学．民族学
39 国防．軍事

40 **自然科学**
41 数学
42 物理学
43 化学
44 天文学．宇宙科学
45 地球科学．地学
46 生物科学．一般生物学
47 植物学
48 動物学
49 **医学．薬学**

50 **技術．工学**
51 建設工学．土木工学
52 建築学
53 機械工学．原子力工学
54 電気工学．電子工学
55 海洋工学．船舶工学．兵器
56 金属工学．鉱山工学
57 化学工業
58 製造工業
59 **家政学．生活科学**

60 **産業**
61 農業
62 園芸
63 蚕糸業
64 畜産業．獣医学
65 林業
66 水産業
67 商業
68 運輸．交通
69 通信事業

70 **芸術．美術**
71 彫刻
72 絵画．書道
73 版画
74 写真．印刷
75 工芸
76 音楽．舞踊
77 演劇．映画
78 **スポーツ．体育**
79 **諸芸・娯楽**

80 **言語**
81 日本語
82 中国語．その他の東洋の諸言語
83 英語
84 ドイツ語
85 フランス語
86 スペイン語
87 イタリア語
88 ロシア語
89 その他の諸言語

90 **文学**
91 日本文学
92 中国文学．その他の東洋文学
93 英米文学
94 ドイツ文学
95 フランス文学
96 スペイン文学
97 イタリア文学
98 ロシア・ソヴィエト文学
99 その他の諸文学

まで幅広く関係していそうです。［7］だったら伝統的な舞踊や音楽、マリンスポーツなどの本もあります。［8］は沖縄の言葉。［9］には沖縄の文学だけでなく、沖縄を題材にした作品も多数あるでしょう。以上はごく一部で、まだまだ沖縄について出ている本は図書館中に散らばっています。

こんな風に考えるには、図書館に掲示してある分類表を見ても、書架の配置図を見ても、実際に図書館を一回りしながら探していってもいいと思います。蔵書検索で「沖縄」と入れてもヒットしないようなことも、たくさん見つかるはずです。アイデアに詰まったビジネスマンの方もネタ探しに試してみてはいかがでしょうか。世界のあらゆる事象の中を歩いていると思えば、ちょっと楽しい気分になれそうです。

◆分類の限界

このように便利な分類も万能ではありません。

日本十進分類表は、海外の図書館の十進分類法を参考にして、昭和初期に森清氏が創案したものからはじまりました。普及したのは戦後で一九五〇年に刊行された新訂六版が現在の分類表の骨格になっています。それから半世紀以上がたっています（現在の最新のものは一九九五年の新訂九版）。新しい分野の本が大量に出版されると分類表に適当な項目がなく、置き場所を決めるのに苦労します。たとえばコンピュータ、環境などです。

コンピュータの分類はおおまかに、ソフト（情報）が［007］などに、インターネットなど通信関係やハード（電子機器）は［547］［548］などに、携帯電話関係は［69］（通信）などに分かれてしまっています。さすがに使い勝手が悪いし、本もどんどん増える分野なので、そこだけ抜き出してコーナーを作っている図書館も多くあります。

環境は［519］という番号がわりあてられました。さきほど［518］の上下水道や都市計画の本から［52］の建築に移っていく流れがいいと書きましたが、実際にはその間に環境の本がたくさん並んでいるので、せっかくの流れを消してしまっています。なにより環境が土木と建築の間に収まるテーマではなく、もっと複合的な要因が重なっている事象なのは周知のことです。

こうして、たくさん本があるのに窮屈に押し込まれている分類がある一方で、［6］の産業の中で蚕糸業には［63］という大きな番号が付けられたままです。蚕糸業とは、蚕から絹の糸を作る戦前の日本の代表的な産業でした、と今では説明がいるくらいです。

日本十進分類表も十数年に一度くらい日本図書館協会によって改訂されています。いずれ現状にあわせて抜本的な改訂がおこなわれるかもしれませんが、改訂にあわせて所蔵している本のラベルを全て貼り直すのは、そう簡単にできる作業ではありません。だから小規模な改訂が現実的な対応で、社会の変動に分類表が追いついていない現状があります。書店の場合、分類という縛りがないこともあって、社会のニーズにあわせて本の配置換えがしやすいので、図書館員としては少しうらやましく感じます。

もし、図書館の本からラベルの縛りがなくなったら、例えば、ラベルの表示を簡単に変えられる仕組みや、ラベルや十進分類法に頼らなくても本の置き場所がすぐにわかるような仕組みがあれば、図書館は今より柔軟な対応ができると思います。しかし技術的には可能でも費用がかかりそうですね。そんな時代が来るまでには、もう少し時間がかかりそうな気がします。

各章末には図書館が大好きで好奇心旺盛な高校生の栞《しおり》さんに登場してもらいます。これまで説明してきたことを活かしながら、栞さんの視点を通して図書館で調べる楽しさを一緒に体験してみましょう。

栞さんの調べもの① 華やかな時代を身にまとう

今年の高校の文化祭は「元禄時代」がテーマになりました。誰《だれ》がいいだしたのかは知りませんが「華やかな時代にあやかって元気にいこう」ってコンセプトみたいです。美術部の私は元禄時代風の女子ファッションを担当することになりました。

もちろん元禄時代のファッションなんてさっぱりわかりません。学校が休みの日に市立図書館で調べてみることにしました。とりあえず日本史の書架［２１０］を見ていきます。たくさんの日本史の本を前にして、江戸時代とか大雑把なくくりではなく、江戸中期とか元禄時代の頃と区分けされていて、できれば図の多いものがいいよね……、と探していきました。

何冊かめくっていって役に立ちそうだったのは『ヴィジュアル百科 江戸事情 第6巻 服飾編』（雄山閣出版）です。「庶民の衣服」の項には「元禄模様」など、時期による服装の変遷が出ていました。公家《くげ》や武家の服装、帯、化粧、髪型の章もあります。巻頭を除いてカラーではないのが残念ですが、江戸時代のファッションを知るのには十分でした。この本以外にも歴史の本を見てきたので、元禄時代にどんな事件があって、どんな人が活躍していたのかもわかりました。男子は忠臣蔵なんかをネタにしても面白そうです。

これで図書館での目的は達成したのですが、館内をぶらぶらしていたら、衣食住の習俗［383］の見出しが目につきました。気になって書架を見ていったら、『日本ビジュアル生活史 江戸のきものと衣生活』（小学館）というぴったりな書名に思わず「おっ」って喜んでしまいました。図版はすべてカラーで、元禄時代に関する記載も何か所か出ているし、「流行の変遷」の章には「元禄小袖《こそで》」の項目もあります。同じ棚に並んでいた『江戸おしゃれ図絵 衣裳《いしょう》と結髪の三百年』（菊池ひと美著、講談社）はイラスト入りで楽しく、「江戸中期」の章に服装や髪型が載っていました。説明の文章もわかりやすく、イメージがつかみやすかったです。

もっとほかの書架にもないかな、と思いついたのは、服装の柄。たしか美術の本が並んでいるところでそんな本を見かけたようなと、染織工芸［753］の書架にいったら、『キモノ文様事典』（藤原久勝著、淡交社）がありました。時代による区分になってはいませんが、他の本と組み合わせて使うのにはよさそうです。また、これまで見てきた何冊かの本には、元禄時代の女性の姿として菱川師宣《ひしかわもろのぶ》の「見返り美人」の図版を載せていました。それなら絵画から調べることはできないかと、近くの日本画の書架［721］で『図説 浮世絵に見る色と模様』（河出書房新社）を見つけました。そのうち歌舞伎《かぶき》の衣裳なんかも調べてみたくなりました。

さて、本を借りようとカウンターに向かいかけて、ふっとひらめいたのは歴史マンガ。とくに石ノ森章太郎の『マンガ日本の歴史』（中央公論社）は内容が詳しいだけでなく、巻末に「作者覚え書き」があってしっかり考証されているし、専門家による「服装の歴史」「家具とインテリアの歴史」「建築の歴史」などの文章も掲載されているのです。元禄時代を扱った第32巻「忠臣蔵と生類憐《しょうるいあわれ》み」を見たら、当時の人々の服装や友禅染などが描かれていました。じつは私、中学校の頃に学校の図書館で歴史マンガを暇つぶしに全巻読破していたのです。マンガのところだけでなく、絵にも興味があったので、ちゃんと巻末にも目を通していました。あいにく試験の点数には結びつきませんでしたが、思わぬところで経験が活かせるものだと、ちょっと不思議な気分になりました。

第2章　書架と本を活用する

1　書架を使う――本が並んでいる魅力

◆歩いてめくって

図書館で調べるのには、まず一歩が大切です。何万冊と並んでいても書架の前までいかないと、実際にどんな本があるのかは確かめられません。

知らない図書館にいったとき、まず私は図書館を一回りしています。関心のあるところだけでなく、図書館という空間を見回すことによって、どのくらいの本があるのか、どんな風に並んでいるのか、と全体を把握します。簡単に眺めておくだけでも、本や書架をイメージしやすくなって「あっちの分野も気になるな」と足を向けやすくなります。

私がレファレンスで調べものをしているときには、児童書コーナーの隅にいたり、書庫の奥をうろうろしていたり、万歩計でもつけておいたら、けっこうな歩数になっているでしょう。一見、調べものとすぐ結びつかないところにいることも多いらしく、「高田さん、電話だよ」と探しにくる同僚からすると「どこにいるんだよ」みたいなことになって、よく迷惑をかけてしまいます。でも、図書館中からなんとか情報を引き出してやろう、そのために、あっちかなこっちかなと歩き回っているわけです。

図書館を使いこなしたいと思っている方は、労を惜しまず歩き回ってください。どこかで思わぬ記載が見つかるかもしれません。図書館での情報は「足で稼ぐ」ことも必要なのです。

本は棚に並んでいる状態だと、背に書かれた数文字しか読めません。たいてい書名と著者名くらいです。周りに並んでいる本と合わせて見れば、だいたい何の本なのか見当はつきますが、単体ではあまりわからないものです。

だから「めくる」という作業が不可欠になります。せっかく歩いて棚に並んでいる本が目について、なんとなく気になっても、めくらなければ何も起こらないで終わってしまいます。気になったのは何らかの心理的な作用があったからだと思います。自分が疑問に感じたこと、以前から気にかけていること、気にかけたまま忘れてしまっていたこと、漠然と関心があったこと……、それらが棚に並んでいる本と結びついて気になったわけです。

そこで小さな手間を惜しまずに本をめくっておいた方が出会いは増えます。私は少しでもピンときたら「まさかね」と思いながらでも、めくる習慣をつけています。袖《そで》ふれあうも他生の縁という感じです。そのとき手にとっておかないと、あとになって「そういえば気になる本があったけど、どの本だったかな」なんて思い返しても、探すのは至難の業になっています。

似たような内容の本には、同じ分類番号や近い分類番号が付けられていることが多いので、一冊の本をめくっておしまいではなくて、周りにどんな本が並んでいるのかも見ておいてください。元禄時代について書かれた本が見たいときに、元禄時代と書名につく一冊を手に取るのは簡単ですが、その一冊以外にも元禄時代の記述が含まれている本や関連する本は近くに何冊か並んでいるはずです。行きがけの駄賃みたいなものです。なるべく広く前後左右の書架を眺めて、気になった本はめくっておきましょう。

◆イメージしながら探す

情報はイメージしながら探すものです。図書館に足を踏み入れて、江戸時代のことを調べるのだったら歴史［2］の書架に、歌舞伎《かぶき》のことを調べるのだったら芸術［7］の書架に向かうでしょう。当たり前のようですが、それは、江戸時代の書架にありそう、芸術の書架にありそう、というイメージが働いての行動です。

歌舞伎の本を見て満足のいく内容が出ていなかったとき、自分が調べているのは江戸時代の歌舞伎だから歴史の書架も見てみよう、と考えるのもイメージです。

書架から一冊を手に取るのにもイメージが働いています。この本だったら自分の知りたい事柄が出ているかもしれないと考えられたから本を取り出したはずです。

《江戸時代の文化》と《江戸時代の商業》という本が並んでいたとします。どちらに歌舞伎は出ていそうでしょうか。当然、《江戸時代の文化》ですよね。このあたりまでは何気ない行為かもしれませんが、「当時の歌舞伎は商人と深い関わりがあったのかもしれない、だから《江戸時代の商業》にも「商人と文化」みたいな項目があって、そこで

明治時代の西洋館の本を調べていて、蔵書検索でヒットした『西洋館を楽しむ』を建築の書架に見にいきました。『西洋館を楽しむ』の隣には、同じ著者の『棟梁たちの西洋館』があります。蔵書検索で「西洋館」というキーワードではヒットしなかった『日本近代建築大全』も、めくってみたら多くの西洋館が載っていました。

近くに並んでいる『赤レンガ近代建築』や『有名建築その後』も関連はあるだろうし、明治時代に活躍した外国人建築家の『ジョサイア・コンドル』も見ておきたくなりました。実際に全国の洋館を訪れるときに役に立つ本もあるし、何冊かの書名に使われている「近代化遺産」というキーワードでも検索しておきたくなりました。

（写真は神奈川県立川崎図書館の蔵書）

歌舞伎が取りあげられている可能性があるかも」などと考えられたら、かなり本をイメージする力がついています。格好よくいえば、頭の中で仮説を立てて本をめくったわけです。ハズレの方が多いかもしれませんが、ハズレの経験を重ねるほど勘はよくなります。図書館で情報を探すには、柔軟性をもってイメージしていく力が必要だし、それは図書館で鍛えられる力ともいえるでしょう。

書架を見ながら気がつくこともあります。南の島の海の色がエメラルドグリーンに見える理由を調べていたとき、海とか光の本でだいたいわかりましたが、マリンスポーツの本にも何か出ていないかなと書架を見にいきました。そのとき、ふと近くに並んでいた海釣りの本が目にとまりました。私は海釣りのことをよく知りませんが、ひょっとしたら魚が釣れるポイントと海の色は何か関係があるのかなと、本をぱらぱらめくってみたことがあります。残念ながらそんな記述は見つけられませんでしたが、書架そのものがインスピレーションをくれたような感じがしました。もし調べたいテーマがあるなら「自分が調べていることと結びつけられないかな」と問題意識をもって、いろいろな書架を眺めながら歩いてみてください。気になる本があったら、頭のなかで疑問と本が結びついたのです。

自分の好きなテーマがあれば、その書架に直行してもかまいませんが、たまには別の書架を眺めてみることもおすすめします。歴史が好きな人は歴史の書架ばかり見ているかもしれませんが、建築の書架の前を通ったら、建築史の棚にあった城郭の本が目にとまったとします。その本を手にとったことがきっかけで、そこから建築に興味が湧きはじめることもあるでしょう。これも一つのめぐりあいです。ぜんぜん違う分野でも、同じ図書館の中、そうたいした距離ではありません。可能性はいっぱいあったほうが楽しいと思います。

考えながら歩いて、並んでいる本を見て、本の内容をイメージして、手に取ってめくっていく。図書館で本を探すというのは頭と体を使う作業なのです。

◆自分なりに調べよう

さまざまな事柄を調べるのに便利な参考図書があります。たとえば日本語を詳しく知りたければ『日本国語大辞典』（小学館）とか、自然科学系の統計だったら『理科年表』

（丸善）などです。『使えるレファ本150選』（日高隆著、ちくま新書／筑摩書房）のように各種の参考図書を案内した本も出版されています。図書館によっては調べ方のリーフレット（パスファインダーともいいます）を作って置いていることもあるし、国立国会図書館のホームページの「調べ方案内」のコーナーも情報が充実しています。図書館の司書は、こうしたノウハウや知識を蓄えているのでカウンターで相談してみるのもよいでしょう。皆さんも何度か同じ分野の事柄を調べていれば、参考図書の特色もわかるし、お気に入りの一冊も見つかると思います。

ただ、参考図書についていえば、インターネットやデータベースの普及にともない、やや位置づけが変わりつつあるような気がします。これまでは、わからない疑問→参考図書で概要をつかむ→一般図書で詳しく調べる、という調べ方が多かったのですが、最近は、わからない疑問→検索して手がかりを得る→一般図書で詳しく調べる、という流れが増えています。レファレンスをする上で参考図書を手にする頻度は、ここ数年で減ってきています。

さて、定番の参考図書や調べ方は知っておくと便利ですが、まずは自分なりに調べて

本は調査でこう活かす ①

『理科年表』（国立天文台編、丸善　毎年刊行）

超定番の『理科年表』、といいつつ実際にどんな内容なのかを詳しく知っている人はそんなにいないでしょう。月の満ち欠け、平均気温、おもな被害地震の年表、大気汚染の数値なんかは出ていそうですが、大気汚染だったら1970年代からの「月別の黄砂観測のべ日数」が載っているし、生物部には「シマリスの体温と心拍数」の表もあります。ちょっと「へえ」って感じでしょう。

レファレンスで「東京は三月にけっこう雪が降るけど過去にさかのぼってわかる統計は」とか「いろいろな物質における音の伝わる速さの一覧を見たい」といった問い合わせを受けたとき、私も『理科年表』に収録されている多種多様なデータを把握しきれていませんが「自然科学系の統計だから、とりあえず『理科年表』を見てみようか」とめくり始めます。不思議とたいてい載っているし、用語や統計の簡単な解説、出典情報などは、さらに詳しい資料を探していくときのヒントにもなります。

最近は1925年以降の『理科年表』に掲載された図表をまとめて検索できる〈理科年表プレミアム〉というデータベースが使える図書館もあります。

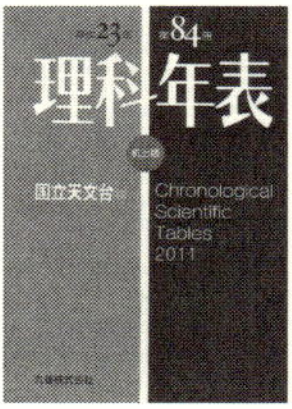

みましょう。調べものを進めていくのに、絶対に「こうしないといけない」という決まりごとはないし、むしろ臨機応変に対応していく力が必要になります。

たとえば奈良時代の建築を調べるという課題が出たとします。

Aさんは建築［52］の書架から建築史の本をめくって「奈良時代の建築」の項目を見つけました。Bさんは日本史［21］の書架で奈良時代の本をめくって「奈良時代の建築」の項目を見つけました。

奈良時代の建築がどんなものであったのかについては、何がしかの事実や通説はあるにせよ、AさんとBさんの調べ方自体にどちらが正解だということはないと思います。二人とも自分の関心や知識にしたがって本を調べていきました。Bさんが日本史の棚を見たけれど奈良時代の建築について書かれた詳しい記述を探せなくて、それから建築史の本を見にいくことになったとしても、最初に日本史の本を調べたBさんの行為が間違いとはいえません。

さらに建築史の棚に並んでいる本と一口にいっても、写真やイラストが多い本も、辞典みたいに分厚い本もあれば、調べている内容にぴったりな書名だけれど難しそうだか

本は調査でこう活かす ②

『値段史年表 明治・大正・昭和』
（週刊朝日編、朝日新聞社　1988 年）

戦前からの長期間の値段の変遷を探していて、かつ、国などの統計ではあまり扱われそうもない値段の調べものでは、絶対といっていいくらい『値段史年表』に目を通しています。図書館員仲間で値段関係のレファレンスが話題にのぼったら、ほぼ間違いなく誰かが『値段史年表』の名を口にします。そのくらい定番なのには理由があります。

まず、胃散、畳表の裏返し手間賃、わさび漬など、ちょっと変わった値段まで載っていること。そして、公的機関の数値だけでなく、コロッケだったら資料提供は「いすみ精肉店（東京・幡ヶ谷）ほか」、下宿料金だったら資料提供は「真正館（本郷）ほか」など、あまり公に出ない数値が載っています。よって『値段史年表』でないと回答しにくいレファレンスもでてくるのです。

『値段史年表』に出ている表は、もともと「週刊朝日」に作家などのエッセイとあわせて連載されていたものです。興味のある方は週刊朝日編の『値段の風俗史』シリーズもご覧ください。

ら別の本を手に取ってみようということもあるでしょう。

まずは自分の関心を優先すればいいと思います。そこから関心が広がって、奈良時代の貴族の生活が気になって調べはじめていくのも、当時の遺跡から何かわからないかと考古学の本を探してみるのも、何にでも対応していけるのが図書館の懐の広さです。

和算（日本古来の数学）の専門家にうかがった話ですが、和算の研究をはじめる人には、数学から関心を深めるルートと、日本史から興味を持つルートと、教育関係者が教育史を調べたり教材などに使おうとして学んでいくルートがあるそうです。たしかに和算の研究をはじめるには何かのきっかけがいるでしょう。私は話を聞きながら、日本史［21］、教育［37］、数学［41］なんて図書館の分類を思い浮かべていました。どこからどう世界が広がっていくか、わからないものです。

◆概要を知っておく

自分なりに調べてかまわないとはいっても、できれば効率よく調べられたらいいですよね。たくさんの本を複合的にかき集められればいうことないのですが、時間という制約もあるでしょう。

何を調べるにしても、まず大枠から押さえていった方が間違いは少なくなります。「自分の調べていることは東大寺の建築についてだから、建築史の本から調べていこう」と建築史の書架に行ったら、《日本の名建築　東大寺》というズバリの一冊が並んでいるかもしれません。でも、すぐには建築史の書架に向かわないで、まず東大寺がどんなところかを把握しておいたほうがいいこともあります。そんなときには、なるべく片寄りなく全てを網羅している情報に目を通すのがおすすめです。百科事典で東大寺の項目を引くとか、インターネットだったら東大寺の公式ホームページや、〈ウィキペディア〉など百科事典的なサイトの記述を簡単に見ておくくらいでかまいません。

なぜ、そのひと手間をかけるのかといえば、東大寺のおおよその概要がわかるからです。いつ誰《だれ》によって建立されて、どんな人物がかかわってきて、何度か火災にあったりして、大仏だけでなくいろいろな仏像があって、年中行事には何があるか、現状はどんな感じかなど、幅広い視点から東大寺を知ることができます。その段階で知りたい事柄がわかって、これで十分というケースもあるでしょう。

図書館の本でさらに調べていくにしても、はじめに思いついた建築史の本だけではなく、概要を知ったことによって「創建された時の状況が知りたいから、聖武天皇の伝記も見てみよう」「奈良時代より鎌倉時代に再建された建物のほうに興味があるかも」「世界遺産の本にも出ているかな」と調べるポイントが増えていきます。自分の関心の所在を確認することにもつながります。

いきなり建築史とか、特定の分野の書架を見てもかまいませんが、建築史の本は建築の視点から書かれた本なので、その他の分野についてはあまり触れられていません。概要を知っておけば、建築史の本を見て思ったような記述が見つからなかったとしても、それなら別の分野から調べてみようと、すぐに切り替えができます。

書架に向かって歩き出す前には蔵書検索をしておいたほうがいいでしょう。蔵書検索については後ほど説明しますが、とりあえずは「東大寺」などズバリのキーワードで検索すればかまいません。その図書館に東大寺のどんな本があるのか、だいたい見当がつけられます。さんざん調べたあとで蔵書検索をしたら、書架では目にとまらなかった《日本の名建築　東大寺》の存在に気がついて、「こんないい本あったのか、最初に検索しておけばよかった」なんて悔しがることも時々あります。

◆ルートを考える

概要をつかんで、分野が限定されるようなテーマであれば迷うことなく、その書架に直行すればいいのですが、いくつも候補が頭に浮かぶ時もあります。そんな風に考えられたとしたら図書館を使いこなしていくための第一関門はクリアです。

たとえ話をします。休みの日に街まで靴を買いにいくとしましょう。その街に靴屋は三軒あって、A店は安いけれど好みのものはあまりない、B店は品数が少ないけれど個性的、C店はこの間オープンしたばかりで気になっている。皆さんは自分の予定などを踏まえながら「じゃあ今回はC店から覗《のぞ》いてみて、あまり気に入ったのがなかったらB店に行こう」などと買いもののルートを決めていくはずです。

図書館での調べものも似たような感覚があるような気がします。私は図書館のカウンターで質問を聞きながら「この内容だったらAの書架が第一候補だけど、そこで満足のいく本がなかったらBの書架もご案内したいし、データベースも検索してみたいな。時間があるなら書庫で雑誌のバックナンバーも見ておくんだけど」などと考えています。

調べながらいろいろな手がかりが見つかって、最初に想定したルートから脱線していくことも日常茶飯事です。何か手がかりが見つかった時点で「この手がかりをどう活かしていくのが有効かな。もう一度、キーワードを変えて検索し直してみよう」と、その場その場で対応しています。

同僚の図書館員の調べものを見ていて「うまい！」と感心することもあれば、新米の図書館員の調べものを見て「下手だね」と思うこともあります。私から見て、うまいと思える人は、調べものの過程の中で、インターネットで検索した理由、データベースも使った理由、その参考図書を積み上げた理由など、「この人はこんな風に考えて調べたんだろうな」というのが見えるし納得がいくのです。気になって「どうやって、この本を見つけたの」なんて教わることもあります。逆に下手だと感じた人からは「なぜ、この質問内容で、データベースを使うんだろう？」と、理由が見えないのです。そして、下手だなと思うような人は、ずっとインターネットの検索を続けていたり、ある書架の本だけを見ていたり、切り替えが苦手な傾向も感じます。「その調査だったら、データベースを使っているより、さっさと書架にいって二、三冊、概説書を抜いてきてめくっていった方が早いかもよ」などとアドバイスすることもあります。

調べものをするときは、いろいろなルートがあることを踏まえた上で「今はこういう理由で調べている」と、自分で理解できていればいいのかもしれません。そのあたりが調べものの要領なのかなという気もします。

新米の図書館員も数年も働いていれば、いつの間にか適切な調べものができるようになっています。慣れといえばそれまでですが、たぶん図書館がどんなところで何ができるかをつかめたのだと思います。その街のどこにどんな特徴の靴屋があるのかがわかったのと同じことです。

◆調べながら増える知識

調べものでは、どこから手をつけていいのか、さっぱりわからないこともあります。ただ、とにかく手をつけなくては何もはじまらないので、調べはじめます。

Aさんが折り紙の歴史を調べているとします。その図書館に折り紙の本はたくさん並んでいるけれど、折り方の本ばかりで、ほとんど歴史についての記述は見当たらないかもしれません。でも、どこかに歴史のことも書いてあるはずだと、Aさんはひたすら折り紙の本をめくっていきます。少しめくるのに疲れた時、「紙について説明している本でも見てみようか」とひらめきがあって、紙についての本で折り紙の歴史の記述を見つけられたとします。

さて、もともとAさんは、折り紙について何らかの興味があったから、折り紙の歴史を調べはじめたのでしょう。折り紙に関する感度は高いはずです。本をめくっていて、折り紙の歴史の記述はなかなか見つからなかったにせよ、いろいろな折り方が目に入ってきます。子どもの頃に折った動物の折り紙、大人向けの複雑な折り紙、インテリアに使う折り紙……、「へえ、こんな折り方もあるんだ」なんて感じるはずです。「今度、折ってみようかな」「動物の折り紙はいつ頃からあるんだろう」「なぜ正方形の紙なのかなあ」など、調べているのは折り紙の歴史のはずですが、他のことを感じ取ることもあるでしょう。場合によっては折り紙の歴史から関心が移るかもしれません。

もう一人、Bさんも折り紙の歴史を調べていたとします。Bさんは勘のいい人でいきなり紙についての本で折り紙の歴史の記述を見つけました。

Aさんは折り紙の歴史にたどりつくまでに三〇分かかったけれど、Bさんは一分で見つけたとします。もちろんBさんの方が効率的です。でもAさんは、そこに至るまでにいろいろな折り紙を目にしています。その過程を経たAさんとBさんでは、同じ折り紙の歴史の記述を読むにしても、受けとめ方が違っているでしょう。折り紙の歴史の記述を読みながらAさんは「さっき見た折り紙の本には、祝儀袋の熨斗《のし》の折り方が出ていたけれど、関係あるのかな」などと考えはじめることもできます。

なかなか調べていることが見つからないのも無駄ではないのです。一冊の本を手に取って、すぐに該当する箇所がわからなくて、いろいろなページに目を通しながら探していくときにも、同じことがいえます。一直線でないからこそ見えてくるものもあると思って、どうぞ寄り道、回り道を楽しんでください。

◆セレンディピティ

科学技術の世界ではセレンディピティがしばしば話題になります。セレンディピティとは、実験などをしていて期待していた結果は得られなかったけれど、失敗を考察することによって思わぬ発見・成果につながった、というような意味です。

たとえば、接着剤を開発中に粘着力が弱い物質が偶然できたので使い道を考えてポストイット（付箋《ふせん》）が生まれたとか、田中耕一さんがノーベル化学賞を受賞した研究は、失敗した実験がきっかけであったことなどが有名です。

図書館はセレンディピティの宝庫ではないかという気がします。調べものをしながら多くの本をめくっても、そう簡単に求めている記述が見つからないことは多いでしょう。なかなかうまくいかない、しかし、パタンと本を閉じないで、そこに書かれていた内容が自分の調べものを推し進める材料にはならないか、立ちどまって考えてみてはいかがですか。

大げさな発明や成功だけではありません。ある人の業績を調べていたら、人間味あるエピソードがわかったとか、意外な人とも交流のあったことに気がついたとか、その当時の歴史的な背景を押さえておきたくなったというのも、調べている人にとってのセレンディピティといえそうです。

レファレンスをしていて、質問者が望んだような記述が見つからないこともあります。図書館員は単に「見つかりませんでした」と答えて済ますことはできません。そんな時には「関係ないかもしれませんが、こんな記述だったら出ていましたけれど、参考になりませんか」というような情報提供をしています。それはやっぱり質問者にとって役に立たない情報かもしれませんが「これは知らなかったよ」なんて興味深そうに本を読んだり借りたりする方も見かけます。

うまく調べられない、なかなか思った情報が見つからない、本を戻して帰ろうか、で終わりにするのではなく、その一冊を手にしたのには理由があったはずです。まったく無関係ということはないでしょう。そこで、自分の中の問題意識と書かれている記述がうまく結びつけば、セレンディピティにつながるのかもしれません。

2　本を知る——一冊に詰まっている情報

◆本はパッケージ

音楽をデジタルプレイヤーで聴く機会が増えました。曲順をランダムで流れてくる設定にしている人も多いと思います。私もそうした聴き方をしていますが、この曲、どのアルバムの何曲目だっけ、ということがわからなくなっていきました。ミュージシャンの方は、頭をひねって一〇曲くらいを選んで曲順を考えて、アルバムというひとつの作品にしているのに、ちょっと申し訳ない気分になります。

インターネットの情報を使うときには、検索したキーワードが含まれるサイトの一覧から該当するページの記述を見て納得します。けれど一部分だけの閲覧なので、サイトの全体像を把握しないまま済ませていることも多いでしょう。アルバムという理解ではなく、一曲のサビの部分だけ聴いて終わりみたいに感じることもあります。

本が一冊まるごとインターネットにアップされていたり、部分的に読めるようになっていることもあります。仮に、この本がインターネットに全文公開されていたとします。そして元禄時代の衣裳《いしょう》を調べて検索している人が、第1章の終わりに書いた「琹さんの調べもの①」をヒットさせたとします。そこに載っている数冊の本の情報は参考になるのかもしれませんが、著者の私は服飾史の専門家ではないし、そのような使われ方も想定していません。あくまで図書館での調べものの事例として紹介しただけです。けれど、その情報が『図書館で調べる』という本の記述であるとすら、気にとめないまま済ませてしまう人もいるでしょう。検索で部分的にヒットした情報も調査の役には立ちますが、そうした情報を使っていく際には、画面に表示されている内容がパッケージの一部にすぎないことを踏まえておいてください。

本でもインターネットでもかまわないのですが「アメリカから帰国した」という文章があったとします。その情報が現在書かれたものか、昭和三〇年に書かれたものかで、「アメリカから帰国した」の重みは違ってくるはずです。最近、刊行された本でもよくよく巻末の注記を見たら、昭和三〇年に出たエッセイを改題して出版しているのかもしれません。前後の章、注記、前書き・あとがき、冒頭の凡例などに目を通さないと意図が伝わらない構成になっている本もあるので注意が必要です。

◆一冊の本を知る

目の前に《○○新聞社百年史》という本があったとしましょう。書店ではあまり見かけない布張りの装丁で、かなり厚い本です。なんとなく硬い内容の印象を受けます。装丁や外観から、どんな本なのか推測できることもあります。背表紙やカバーを通して本の内容をどう伝えようかと、装丁家の方が知恵を絞ったものです。

本を手に取って、まず目次を見てどんな構成なのかをつかんで、○○新聞社が、いつ刊行した本なのかを奥付（最後のページに書かれた本の情報）で確認しておきます。

それから、ぱらぱらとめくっていきます。○○新聞社の創業から今に至る歴史、会社の組織図、歴代の経営陣、新聞の紙面の変遷、世相からの影響などがおもに書かれています。

巻末には索引がついていました。索引があると調べものをするとき、とても便利です。この本に載っていたのは人名索引です。本によっては、地名や特定の事項だけの索引もあるし、全ての語句を網羅していないことも多いので、どの程度の索引なのかをチェックしておきます。

最後の数十ページは各種の表やグラフがまとめて載っています。新聞の発行部数の変遷や、歴代の役員の名前、年表などです。年表には○○新聞社の歴史の脇に新聞業界の歴史という項目も併記されています。○○新聞社の歴史だけでなく、新聞業界の歴史を調べるときにも有効かもしれません。

もう一度、本文を見ていくと時代ごとに構成された各章の冒頭に「当時の新聞業界について」という項目があることにも気がつきます。報道の賞を獲得したスクープ記事についてはその事件の説明、記者の思い出話も載っています。また、ところどころに新聞の印刷技術についての記述もあるようです。主催したイベント、系列会社の紹介も出ています。単に○○新聞社の歴史がわかるというだけでなく、もう少しいろいろな使い道を考えることができそうです。

各章の最後には、囲み記事で、戦前の新聞に掲載されていたユニークな広告とか、なつかしい○○新聞のテレビCM、販売促進のキャンペーンなどが紹介してあります。この本に限りませんが、本編の内容とは直接関係のないような囲み記事、コラムから意外な情報が見つかったりします。

連載小説についてまとめている章もあります。これまでに掲載した作品の一覧表も出ています。「昔、○○新聞に出ていた小説ってなんだっけ?」なんて知りたいときには、この表を見れば一発でわかります。中には著名な小説家も含まれていて、連載中のエピソードも書かれています。その小説家を研究している人には教えてあげたくなる内容です。

本の真ん中くらいには、上質な紙で別刷した写真が出ていました。写真は古いものから最近のものまでさまざまで、本社の建物の遠景、社長や社員の集合写真、取材用のヘリコプターなどです。本社があるところは、今はオフィス街でビルばかりですが、昔の写真では瓦《かわら》屋根が目立ちます。その地域の変遷を調べている人には、けっこう貴重な写真なのかもしれません。

最後に、参考文献に目を通して本を書架に戻しました。……

以上のような感じで図書館員は本を見ていきます。私は「この本、どんな時に使えるかな」と考えながらめくっていくのが癖になっています。

◆一冊の広さと狭さ

書架で本を探していくときは、そのテーマの書架だけでなく広く書架を見ていこうと前に説明しました。同じようなことは一冊の本を扱うときにもいえます。

人間のからだについて書かれた本でも、からだのすべてを扱った本もあれば、消化器とか胃だけを扱った本もあります。胃について知りたい時は、胃の本を見た方が胃に関しての多くの情報が詰まっています。しかし得てして特定の事柄だけを扱った本は、専門性が強くなって難易度が上がります。消化器の概要がわかればかまわない程度で調べている場合、胃の本が目の前にあっても、もう少し大きく扱った分類を見てください（第1章で説明したように書架では左（上）側になります）。《人間のからだ》のような本の「消化器のふしぎ」みたいな章に目を通したほうが理解しやすいものです。また、そうした本のほうが、からだ全体の中での胃というとらえかたをしていることが多いので、胃の位置づけや役割がわかりやすかったりします。本を探していてどうもピンとくる本がないときは、ぴったりな書名を探すだけでなく、すこし広めに取りあげた本を見ることも考えてください。

それとは逆に、一冊の狭さを活かしてしまう使い方もあります。

さきほど例に出した《○○新聞社百年史》では業界全体を知るのにも役に立つと書きました。会社、業界にかかわらず、狭い範囲を扱った本を見て広い範囲がわかることがあります。

横浜の歴史の本だったら、日本の歴史の中で横浜がどういう位置づけだったかを踏まえながらの記述になっているので、横浜の歴史を通して全国的な動向を知ることができます。とりわけ幕末・明治期は横浜の港を通して外国からさまざまな文物が日本に入ってきているので、横浜という狭い地域を扱った本であっても、日本の西洋文物の事始めなどの調査にはとても有効なのです。

自分が住んでいる地域を知るのに日本全国の本を見ることもあれば、日本全国について理解するために、自分の地域はどうなのだろうと郷土資料を見ることもあります。個人の戦争体験記を通して戦争全体を考えるのも似たような行為なのかもしれません。

一冊の本が扱う広さと狭さをうまく使いこなせるようになると、ぐっと図書館から情報を引き出しやすくなります。

◆現物を見ていく意味

本を手に取って調べていかないとわからなかった例を、ひとつ紹介しておきます。

小学校の国語の教科書で二〇年くらい前に読んだ「雪がふりはじめた」ではじまる作品を知りたいという調べものをしたことがあります。その作家は新潟県の出身だったそうです。

この手の調査ならインターネットで一発ヒットということが多いのですが、あいにく「雪がふりはじめた」はどこにでもある文章なので、なかなか目当ての情報は出てきません。『文学作品書き出し事典』（日外アソシエーツ）という便利な参考図書にも「雪がふりはじめた」は載っていませんでした。

「雪がふりはじめた」からの調査は難航したので、それに固執せず、教科書に掲載されていた新潟県出身の作家を調べてみることにしました。インターネットで「新潟　教科

書　作家」などと検索していきます。すると比較的上位に、杉みき子さんの「わらぐつのなかの神様」がヒットしました。「わらぐつのなかの神様」は『かくまきの歌』（フォア文庫／童心社）などに収録されています。確認すると書き出しは「雪がしんしんとふっています」になっています。質問者の勘違いという可能性も捨てられませんが、せっかくなので杉みき子さんについて、もう少し調べてみることにしました。

杉みき子さんは新潟県の城下町・高田出身の児童文学作家で、郷土に根ざした多くの作品を執筆しています。杉みき子さんには他にも教科書掲載作品があるかもしれないという考えが浮かんできました。杉みき子さんの作品を紹介した〈杉みき子オフィシャルサイト〉にある「作品リスト」を見ると、『加代の四季』（岩崎書店）の備考欄に「教科書掲載作品集」と注記がされています。今度は『加代の四季』を確認すると、「春」から始まる四季を綴《つづ》った連作で、その書き出しは「春は、せんろからやってくる」です。やはり違ったかと思いつつ、いちおうめくってみたら「冬」の部分の書き出しが「雪がふりはじめた」でビンゴでした。「加代の四季」がどの教科書にいつ頃でていたのかは、『読んでおきたい名著案内　教科書掲載作品　小中学校編』（日外アソシエーツ）や、教科書作品のデータベースがある〈東書文庫〉（一五六ページ参照）のホームページで確認できます。教育出版の六年生国語の教科書に、一九八〇年度版から二〇〇〇年度版まで、長期間にわたって掲載されていました。

「加代の四季」は『白いとんねる』（偕成社）や『杉みき子選集2』（新潟日報事業社）にも収録されています。『杉みき子選集2』の巻末「作品について」を見たところ、「部分的に教科書などに掲載されているため、いささかの混乱を生じている向きもあるようです。（以下、略）」と附記されていました。

実際に本を手にしながら確認して、巻末の解説などにも目を通していかないと、なかなかわからない調べものがある、という感覚をつかんでいただけたでしょうか。

栞さんの調べもの② 隠し味は何を隠す

文化祭では元禄時代っぽい服装をして、おしるこを売っていました。おしるこを作るときには最後に塩をひとつまみ加えていましたが、なぜ塩が必要なのかよくわかりません。お母さんに聞いたら甘みを引き立てる隠し味というものだそうですが、なんとなく感覚でやっているので詳しいことは知らないといっていました。

気になったので調べてみることにしましょう。これからクリスマスとかバレンタインとお菓子を作る機会も増えるので、知っておけば役に立つかもしれません。

市立図書館にいって、参考図書で、そもそも隠し味ってなんなのかを確認します。『料理用語事典』（真珠書院）の「隠し味」の項目によると「ごく少量の調味料を使うことで、表面に出ないが料理の味にコクや深みを与える調味法や、その味のこと」で、例えば「しるこに食塩を少し加えて甘味を強調する」とあります。

つぎに料理の分類［596］を見ていくことにしました。しかし料理の本は多すぎるうえ、どの本に隠し味が出ているのか迷ってしまいます。料理の基本を解説している本かな、やっぱり和食の本だよね、などと考えながら本を何冊もめくっていきました。

『なるほど、料理のことば』（ベターホーム出版局）の「隠し味」の項目には、おしるこ・煮豆に塩など、味を引き立てる説明が載っていました。隠し味で大切なのは、一方の味はごく少量でよく、おしるこの場合、塩は砂糖の〇・五パーセントと微量であってこそ甘さが増すのだとか……、私はそんなにきちんと計っていなかったけれど大丈夫だったかな。こうした隠し味は対比効果といって、コーヒーに砂糖など味を弱め合う抑制効果、こんぶとかつおぶしなど味を引き立て合う相乗効果とあわせて、味の混合効果というそうです。なるほど、ちゃんと理由があるのですね。『おばあちゃんの「直伝」ほんもの料理術』（井上鶴子・井上よしみ著、主婦と生活社）の「砂糖をたくさん使うときは、少量の塩を入れる」と「酸味が強いときは砂糖を入れる」の項目でも、相乗効果・抑制効果・対比効果が説明されています。おばあちゃん、すごい物知りです。

近くに並んでいた調味料の本も見ていきます。『塩　至宝の調味料5』（アスペクト）の「塩の種類別調理のコツ」の項目を見ていったら、梅干しをつくるとき、強い酸味のある梅酢と濃い塩との配合割合から「塩梅《あんばい》」という言葉が生まれたと知りました。『しょうゆの不思議』（日本醬油《しょうゆ》協会）には「しょうゆの隠し味とはどういうことですか」の項目で、ルイ14世の宮廷料理でも醬油は珍重されていて、フランス料理のソースに醤油を数滴落として、ソースに深みを与えるものだったと紹介してありました。最近ではフランス料理の調味料として公認されつつあるのだとか。ふーん、そんなところでも醤油は活躍していたのですね。

「隠し味ってちょっと科学的かも。もしかしたら味覚の実験の本なんかで取りあげられていないのかな」と科学関係の本も探してみました。『科学でわかる料理のツボ』（左巻健男・稲山ますみ著、学習研究社）の「隠し味にコーヒー？」という項目では「試してみよう！　隠し味あれこれ」として、カレーにコーヒー、スパゲティーミートソースにチョコレートなど六つの隠し味の例が載っていました。カレーの本を見ていっても、こだわりの隠し味がいろいろ載っていそうな気もします。

最後に見た『プリンに醤油でウニになる』（都甲潔著、サイエンス・アイ新書／ソフトバンククリエイティブ）は書名から受ける印象とは違って、味覚についての科学的な分析がされていました。「スイカに塩」の項目によると、甘さが増すように感じる現象は簡単ではなく「脳でおこっている現象なのか、舌も関係している現象なのかすら不明」なのだそうです。隠し味とはいえませんが書名にあるような食べものの組み合わせも面白かったです。牛乳＋酢でヨーグルト、ミカン＋海苔＋醤油でイクラの醤油漬けですか……、勇気のいる実験です。

第3章　検索の世界

1　図書館員の検索法

◆蔵書検索の基本

これまでは書架を見ながら本を調べていく方法を説明してきました。この章では、コンピュータで図書館の蔵書を探したり、インターネットで情報を探したり、いわゆる「検索」をとりあげます。私は基本的に検索とは言葉あわせだと理解しています。

まず図書館の蔵書検索（OPAC《オパック》といいます）から説明しましょう。

蔵書検索のデータベースには、さまざまな所蔵資料の情報が蓄えられています。本なら、書名や著者名、出版社、刊行年、分類番号などは、どの図書館のデータベースにも入っています。くわえて、目次や内容紹介が含まれていたり、検索に有効なキーワードを追加してあったりします。

図書館によって蔵書検索の画面や操作が異なるのは契約している業者のシステム（富士通系とかNEC系など）が違うからです。また同じ業者のシステムでも、学校図書館向け、公共図書館向けなど各種あり、どのバージョンをいつ導入したか、どうカスタマイズしたかによって使い勝手は変わっていきます。

ほとんどの本のデータは、書籍を取り扱う企業（TRC、日販など）や国立国会図書館などが作成したもの（MARC《マーク》といいます）をシステムに取り込んで使っています。個々の図書館でMARCのどの項目まで使えるのかは、システムや契約、データを取り込んだ時期などによって異なります。

そういう事情によって、皆さんが利用している蔵書検索の機能は図書館によって微妙に違いがあるのです。ただ、書名や著者名など基本的な項目での検索はどこの図書館でもさほど変わらないはずです。

例をもとに蔵書検索の基本を説明していきます。七五ページは『昆虫の世界へようこそ』という本のデータです。

ごく簡単にいえば、ここに含まれている言葉が検索の対象になります（ほかに著者や書名などの読み仮名なども入っています）。もしシリーズ名で検索してみるなら、漢字・仮名の読み替えに対応していれば「筑摩新書」でもヒットしますが、データにある正式名称の「ちくま新書」で検索したほうが間違いは少なくなります。『昆虫の世界にようこそ』には、いろいろな蝶《ちょう》のことも書かれていますが、データに含まれていないため「蝶」や「チョウ」をキーワードに蔵書検索しても、この本がヒットする確率は低いでしょう。一方、内容紹介の欄を見ると、外骨格という聞き慣れない言葉が含まれています。「外骨格」と検索した人にとってこの本が役に立つのかどうかはわかりませんが、内容紹介の欄が検索の対象になっていればこの本はヒットするはずです。

目次や内容紹介まで検索の対象としているかはどうか図書館によって異なり、《世界文学全集》と書名でしかヒットしないこともあれば、そこに収録されている作品名・著者名の全てを検索の対象にしていることもあります。ただし検索対象が多ければいいというものではなく、その分、必要としていない情報も多くヒットするようになります。自分がよく使う図書館では、何をどこまで検索できるのか、確かめてみてください。

図４　検索画面の例

【資料詳細】
書名　　　：昆虫の世界へようこそ
シリーズ名：ちくま新書 483
著者名　　：海野和男／著
出版者　　：筑摩書房
出版年　　：2004. 7
ページ数等：188 p
大きさ　　：18 cm
ISBN　　　：4-480-06183-5
分類番号　：486
件名　　　：昆虫
目次　　　：第１章　昆虫にとっての世界
　　　　　　第２章　昆虫の暮らし
　　　　　　第３章　昆虫の季節
　　　　　　第４章　昆虫の飛翔
　　　　　　第５章　知覚とコミュニケーション
　　　　　　第６章　群れなす昆虫
　　　　　　第７章　隠れる擬態
　　　　　　第８章　目立つ擬態
内容紹介　：ヒトと昆虫は全く異なる進化の道を歩んできた。ヒトを含めた脊椎動物は背骨で体を支える構造を発達させてきたのに対し、昆虫は外骨格で体を支える構造を進化させてきた。これにより昆虫たちは、小さな空間で生息することが可能になり、種分化を繰り返すことで地球を生命で満ち溢れた世界にできた…。昆虫の視点で撮影した大迫力のカラー写真で、小さな昆虫たちにまつわるドラマを再現する。めくるめく昆虫ワールドをご堪能あれ。

◆蔵書検索のキーワード

私が勤めている図書館に職業体験の中学生が来ました。何か調べてもらおうと思って「今、理科で何を習っているの?」と聞いたら、植物の導管と師管だといいます。「じゃあ、導管と師管が載っている本を持ってきて」と課題を出してみました。私としては植物の書架にいって、植物の仕組み的な本を探してくればOKと想定していたのですが、どうしてか中学生は「導管と師管」と蔵書検索しています。

実は、こういう検索をしている人は中学生に限らず、大人でもけっこう見かけるので、少し解説しておきます。

まず、収録されている本のデータに「導管と師管」という言葉が含まれていなければ蔵書検索しても普通はヒットしません。本の検索をするときはデータに含まれていそうな言葉をキーワードにするのが基本です。曖昧《あいまい》な言葉に対応したり関連するキーワードから連想して本を探したりする検索システムもありますが、経験的にあまり過信しないほうがよいでしょう。仮に「導管」「師管」が書名に含まれていてヒットしたとしても、

「導管・師管の研究」のような専門的な本になる可能性が高そうです。

では、中学生にもわかる導管と師管について書かれた本のデータに含まれている言葉とは何なのかを考えてみます。なんとなく「植物の仕組み」みたいな書名が頭に浮かびますが、そうぴったり都合のいい書名の本があるとは限りません。また「植物」だけのキーワードだと検索結果が多くなりすぎるし、検索結果を見て導管と師管が出ていそうな本を判別するのはなかなか難しそうです。結局、書架にいって本をめくった方が早いという結論になります。

もし、インターネットで自宅から蔵書検索をしていて、どうしても導管・師管が出ていそうな本の目星をつけたいとします。あれこれと蔵書検索して、植物の仕組みが出ていそうな本が一冊見つかったとします。その本の分類番号には［471］と書いてありました。同じ分類番号には似たような本が並んでいるはずなので、分類番号の項目に［471］と入れて検索すれば、その一冊と同じ棚にどんな本が並んでいるかがわかります。ちなみに［471］は一般植物学の分類です。

検索結果に多くの本が表示された場合、どの本を選んでいくのかも、実はけっこう悩むことなのかもしれません。一般的には新しい本のほうがいいと思うので、新しい本から選んだり刊行年の新しい順に並び替えたりしてみるといいでしょう。以前、カウンターで「録音技術の本が見たい」と質問されました。ストレートに「録音」と蔵書検索してたくさん出てきた中からよさそうな本を二、三冊案内したところ、あとで隣に座っていた新人の同僚から「どうしてたくさんの検索結果の中から、その数冊をすぐピックアップできたのか」と不思議がられました。「著作権とか録音図書の本は質問と関係ないし、音楽的な質問でもないからそれらの本も除ける。分類番号や出版社で内容や難易度はある程度わかるので、その中から比較的新しそうなものを選んだ」と説明した記憶があります。とくに難しい行為には思っていませんでしたが、さっと一覧画面を見て「この本に出ていそう」と見当をつけるには、数行のデータからどんな本なのかをイメージしないといけないし、多少の慣れがいるのかもしれません。

◆目的にあった蔵書検索

蔵書検索のデータやシステムに関することだけでなく、その図書館が所蔵している本の量、すなわち分母によっても検索の結果は違ってきます。

自分がよく使う図書館の蔵書検索で、うまく本を見つけられなかったら、インターネットでなるべく蔵書量が多くて詳しく検索できる図書館の蔵書検索を使ってみるのも一つの手です。どこかの都道府県立の図書館でも政令指定都市の図書館でも、まとめて横断的に検索できるサイトでかまいません。国立国会図書館の蔵書検索や、大学図書館等が所蔵している資料を一括して検索できる〈Nacsis-Webcat Plus〉で調べてみてもいいでしょう。いずれも分母が大きなデータベースです。〈Amazon.co.jp〉〈オンライン書店ビーケーワン〉など大手のインターネット書店のデータで目次や内容紹介まで確認することもできます。また、読者の感想などが書き込まれていれば、本を探すときの参考にできます。そうしてわかった本のデータをメモしておいて、書名など確実な情報で、自宅の近くの図書館で所蔵しているのかどうか検索すればいいのです。所蔵していなくても図書館の窓口を通して他の図書館から取り寄せられる場合もあります。

いろいろな図書館の蔵書検索をする際は、その図書館の特徴、すなわち分母の量だけでなく質の部分も考えてみましょう。大学図書館の蔵書検索だったら、専門書・学術書はたくさんヒットするけれど一般向けの読み物はあまりヒットしないし、学部の有無によっても強い分野と弱い分野が出てきます。刊行されたばかりの本だったら、図書館よりはインターネット書店の方がヒットする可能性は高いでしょう。あまり流通していない郷土資料だったら、分母の大きな図書館で所蔵していなくても、その地域の公共図書館で所蔵しているケースがあります。のちほど取りあげますが各種の専門図書館もあります。検索の選択肢は広がっています。分母の部分に何が含まれているのかを考えながら、目的に応じた使い分けをしてみてください。

さて、分母が大きくて何でもヒットするからいいというわけでもありません。適切なキーワードを選ばないと検索結果に無関係な情報も混ざって表示されるので、一覧画面を見ていくのが煩わしくなります。皆さんにも「一〇〇件を超えたので表示できません」などと表示された経験はあるでしょう。

そんなときには、キーワードを変えたり掛け合わせたりするだけでなく、条件を加えて絞り込んでいったほうが便利なときもあります。たいていの蔵書検索には「詳細検索」とか「もっと詳しく検索」みたいな、検索条件を詳しく指定できるページがあります。どうしても検索結果が多くなるキーワードしか思い浮かばないとき、私は出版年を指定して一年か数年分ずつ区切って見ていったり、分類番号を一桁《けた》か二桁だけ入れながら順に見ていくようなことも、たまにしています。

◆インターネットでの検索

〈Google〉などでのインターネットの検索については多くの解説書も出ているし、いろいろなジャンルの雑誌で特集されていたりします。そういったものを参考にしていただけばいいのですが、私は蔵書検索のときと同じように、探しているサイトにどんな言葉が含まれているのかを考えながら検索しています。

自分の探している情報はどういうサイトに出ているか、そこに使われている言葉はなんだろう、ならば、そのサイトを検索結果の上位に並べるにはどんなキーワードを用いればいいのか、といった具合です。

「白菜」と「ハクサイ」で検索してみましょう。白菜に対しハクサイと片仮名で検索すると、料理のレシピなどよりは農業関係のサイトなどが、より多く検索結果に並びます。

私は検索しながら「一般的には白菜って書くけど、農作物は片仮名で表記することも多いからかな」と農業の本を思い浮かべています。もし検索の途中で、白菜の学名が〝Brassica rapa var. glabra〟とわかったら、その言葉で検索するとどんなページがヒットするでしょうか。海外の学術的なサイトもヒットするし、日本語のサイトでも辞典のような解説文が表示されるはずです。そうした情報には学名を含むからです。

読めない難読漢字を調べるのも検索という手段でずいぶん簡単になりました。難読漢字には注記で読み方が付けられていると予想できるからです。本でいう振り仮名です。横浜市の「港北区」だったら何となく「こうほくく」と読めるのでとくに注記はないかもしれませんが、「都筑区」だったら知らなければ読めないので「都筑区（つづきく）」と表記していることも多いでしょう。逆に漢字がわからなければ「つづきく」と入れれば、やっぱり「都筑区（つづきく）」の記載がヒットします。

なんとなくでも言葉あわせをしていく感覚をつかんでいただけたでしょうか。電子の情報にせよ、本の情報にせよ、同じ文字の文化です。

私の場合、インターネットの情報を扱うときには、図書館の資料に置き換えて考えるクセがついています。そのほうが自分にとっては理解しやすいからです。「このサイトの文章、誰が書いたのだろう」は、本でいう著者を考えています。「この文章はどこがアップしたのかな」は出版社、「いつの情報だろう」は刊行年です。こんな風にインターネットの情報を、一般図書、政府の刊行物、雑誌記事、ミニコミ誌、同人誌、図書館では収集対象外の個人の日記やメモみたいなもの、と置き換えて情報の信頼性を判断していくときもあります。図書館で資料に親しんでいけば、知らず知らずに、検索する力や情報を考える力を養っていけるような気がします。

◆キーワードの取捨選択

以前、本を探す時には検索ワードに加え「ＩＳＢＮ」と打ちこんで検索すると、わりとしっかりした本の情報がヒットして便利だと紹介したら多くの方に好評でした。ＩＳＢＮというのは国際標準図書番号で、その本に固有の番号です。近年の本のカバーや奥付などに記載されているはずです。ただあまり一般的には用いない番号なので、ＩＳＢＮが含まれている情報であれば出版社や書店、図書館のサイトといった、比較的正確な本の情報が出ていると予想できます。

さきほど『昆虫の世界へようこそ』のデータの内容紹介の欄に、外骨格という言葉が含まれていましたが、あまり書名に使われそうな言葉ではありません。外骨格について出ている本が知りたいときは「外骨格　ISBN」と検索すれば、『昆虫の世界へようこそ』のような本のデータを含め、外骨格という言葉がどこかに出ていて、かつISBNが記載されているようなサイトが並ぶはずです。

つぎに「アメリカは「米」みたいに国を漢字一文字で表記すると、ポーランドは「波」らしいのですが、ギリシアは何ですか」みたいなことを考えてみます。私の場合、図書館だったら参考図書などを見れば国の表記が一覧で出ている表があってすぐわかるのに、と考えます。インターネットで国名の漢字表記の一覧表を探してもいいのですが、せっかくたくさんヒントがあるので、そのまま「アメリカ　米　ポーランド　波　ギリシア」と検索してみてください。国名の漢字表記の一覧表には、こうした文字が含まれているに違いないからです。検索してみると、それらの言葉が含まれている一覧表や文脈がヒットして、ギリシアは「希」だとわかります。「アメリカ　米」よりは「ポーラ

ンド 波」のようにあまり使われない言葉をキーワードにしたほうが、より詳しい一覧に絞って表示できます。もしギリシアが希であることを確かめたければ「日希友好」などの言葉で検索してみても面白いと思います。

使えないキーワードが含まれているために、いつまでたってもヒットしないケースもあります。気象庁のアメダス観測所が神奈川県川崎市にあるかと聞かれて「アメダス観測所」に加えて「川崎市」をキーワードに検索しても、川崎市に観測所がなければ足をひっぱるキーワードになってしまいます。もしヒットしなければ「川崎市」を「神奈川県」などのキーワードに変えてみれば、神奈川県内の観測所の一覧が表示されて川崎市にあるかないかがはっきりするでしょう。

どうしても行き詰まったときには奥の手みたいな感じで、日本語をローマ字にして検索したり〈Google〉のブック検索をしたりすることもあります。ひょっとしたら外国の誰かが引用していないか、洋書・洋雑誌に手がかりがあるのではないかと狙《ねら》っているわけです。明治時代に西洋花火を日本に広めた平山甚太という人物を調べていたときは、平山甚太の花火が海外でも評判がよかったことに注目して、〝Jinta, Hirayama〟や

〝Fireworks（花火）〟を掛け合わせて検索し、花火関係の洋書の記述や、海外のオークションに出品されていた昔の花火のカタログの情報などを見つけていきました。

◆電子化された資料

昨今、電子書籍が話題になっています。私もどんな機能が電子書籍に盛り込まれていくのかを楽しみにしています。ただ「調べる」より「読む」ことのほうに関心が集まっているようです。新刊本を電子化して販売するのは、まだはじまりつつある段階だし、図書館でどう扱って根付いていくのかも現状では不透明です。調べるということに関してならば、今でも電子化された資料はよく用いられています。身近なところでは何といっても電子辞書です。

電子ジャーナルと呼ばれている雑誌、とくに学術的な雑誌、大学の紀要などはすでに電子化が進んでいます。国立情報学研究所の文献データベース〈CiNii〉には、自宅からでも本文が無料で閲覧できる雑誌文献も含まれています。

新聞記事のデータベースで、朝日新聞の〈聞蔵〉、読売新聞の〈ヨミダス〉、日本経済新聞の〈日経テレコン21〉などは利用できる図書館も多いと思います。

導入している公共図書館はまだあまり多くありませんが、『日本国語大辞典』『日本大百科全書』（ともに小学館）、『国史大辞典』（吉川弘文館）、『日本歴史大名体系』（平凡社）など各種の代表的な参考図書を一括して検索できる〈ジャパンナレッジ〉が使える図書館もあります。本のかたちでの刊行をせずに電子媒体でのみ閲覧できる参考図書も増えてきました。

電子化された資料では関連情報にリンクをはっているなど、紙の本とは違った便利さもありますが、なんといっても調べものでの一番の強みは検索の機能です。

本では、索引をひいたりめくったりする作業でしか見つからなかった情報が、キーワードを入れるだけで、どのページの何行目に出ているのか立ちどころにわかります。しかも一冊の本だけでなく数多くの本をまとめて検索することができます。とはいえ分母が大きくなればそれだけ膨大な情報がヒットします。いかに的確な検索をしていけるかが不可欠なスキルになるし、図書館側は求める情報がヒットしやすい検索システムを導入していけるかが、電子の資料を活かす鍵になってきそうです。

参考 私が日常の仕事でよく使っているデータベース

科学技術系を担当している著者が、二〇一一年一月頃に本や雑誌文献などを探すのによく使っていたデータベースです。データベースの機能やコーナーの名称は頻繁に変わるので、この本を読んでいただいたときにどうなっているかはわかりません。直接、サイトなどで確認してください。また一押しのサイトというよりは、図書館員がどんな風にデータベースを使っているのかを知ってもらいたいと思って例示したものです。

(1)国立国会図書館（国立国会図書館） http://www.ndl.go.jp/

日本で一番、多くの蔵書があるので、たいていの本や雑誌はヒットします。蔵書検索からそのまま複写を申し込めて郵送もしてくれるので、個人で使うのにも便利です（事前に登録が必要、満十八歳以上、複写・送料は有料）。さて、最近の国立国会図書館のサイトでは、資料の電子化、調べ方案内の充実、各図書館やデータベースとの連携など、私が憶えきれないくらい多種多様なコンテンツや機能が生まれています。国会図書館の調べもの情報をまとめて検索できるリサーチ・ナビや、各種図書館・博物館・公文書館・研究機関などのデータをまとめて検索できる国会図書館サーチ（執筆時点では開発版）は便利なのかもしれませんが、何となく私は個別に詳しく検索していくほうが好きです。たぶん、この目的ならこのサイトっていうのがわかっているからでしょう。

(2) Nacsis-Webcat Plus（国立情報学研究所）　http://webcatplus.nii.ac.jp/

全国の大学図書館などで所蔵している資料をまとめて検索できます。所蔵先や各大学図書館等の利用条件なども表示されます。収録している量が多いだけでなく、データも詳しいので、どんな本があるのか探すのにとても便利です。特色は「連想検索」といって、検索したキーワードが含まれていなくても、関連する本を表示してくれる機能ですが、なんでこんな本を連想するのかわからないものまで拾いだすことも多いので、私は連想検索より一致検索をよく使っています。ただ、まったく本が思い浮かばないときは、ヒットすればラッキーという感じで連想検索も試しています。

(3) CiNii（国立情報学研究所）　http://ci.nii.ac.jp/

Nacsis-Webcat Plus が本（または雑誌のタイトル）を対象にしたデータベースなのに対して、CiNii は雑誌文献（論文や記事）を調べるときに使います。Nacsis-Webcat Plus と連携して大学図書館等での所蔵先もわかります。文献情報を調べられるだけでなく、自宅からでも本文を無料で見られるオープンアクセスの文献や、契約している機関や図書館では無料で閲覧できる定額アクセス可能な文献もあります。図書館のカウンターで「○○大学の紀要を見たいのですが」と質問されたとき「うちでは所蔵していません」と回答してしまいがちですが、実は CiNii が無料公開していることもあるので要注意です。Nacsis-Webcat Plus や CiNii、各種の学術データベースなどをまとめて検索できる GeNii というデータベースもあります。

⑷ J-Dream Ⅱ（科学技術振興機構）　http://pr.jst.go.jp/jdream2/

私が勤めている図書館では、たまたまJ-Dream Ⅱを契約していて利用できますが、導入している公共図書館はあまりないでしょう。CiNiiと同じく文献データベースですが収録しているのは科学技術や医学・薬学関係に限られます。ただし文献の要旨をまとめた抄録が多くの文献情報に付いていたり、外国語の文献データも日本語に訳してあったり、さまざまなキーワードから検索できたり、ちゃんと手間をかけて作られていることがわかるデータベースです。J-Dream Ⅱより機能は下がりますが、一般公開しているJ-GLOBAL（執筆時はβ版）で代用できる情報もあるので、科学技術系の情報を探すときは試してみるとよいでしょう。

2　電子の情報とめくる行為

◆モニターは狭い

図書館の魅力のひとつは情報を視覚的に体感できることではないかと、私は考えています。そうした視点を前提に、インターネットとか電子書籍の情報より、本が並んでいる空間に肩入れした、私的情報論のようなことを書いておきます。

デジタルの世界にある情報はとても膨大ですが、その情報を受け取るモニターの広さは限られています。携帯端末は言うに及ばず、パソコンでも普通なら二〇インチくらいでしょう。そのモニターを通して情報を探すときには、たいていキーワードで検索して検索結果の一覧から関係ありそうなものを見ていきます。これはピンポイントで情報を拾いだすのには効果的ですが、物理的にどうしても全体を俯瞰《ふかん》するような情報の把握は難しいように思えます。

新聞の紙面を例に説明するのがわかりやすいかもしれません。その日という単位ですが新聞も幅広い分野を扱っている媒体です。朝、新聞紙を手にしたら一面の見出しが目に入って、どんな大きなニュースがあったのか知ることができます。自分が見たいのは昨日のプロ野球の結果だったとします。スポーツ面を探してぱらぱらとめくっている間に、世界の情勢、経済の動向、社会の出来事などが、意識していなくても目にとまります。スポーツ面に至る前に読んでしまう記事もあるでしょう。スポーツ面でプロ野球の結果がわかっても、その隣に相撲の結果が載っていれば興味がなくても「大関は弱いなあ」とか感じているはずです。ちょっと図書館の書架のあいだを歩き回って、本を探す感覚と似ているような気がしませんか。

一方、インターネットでプロ野球の結果を見る場合、毎日のようにチェックしているのであればブックマークにプロ野球の試合速報のページを登録していると思います。たまに知りたくなったときでも、「プロ野球」と検索したり、リンクをたどれば、試合の結果が表示されます。ダイレクトにアクセスできるよさはありますが、それ以外の記事に目を通す機会は減るような傾向を感じます。

そして検索でヒットしなければ、どんなに役に立つ情報であっても、膨大な電子のデータから取り出せないままになってしまいます。この点、書架のように並んでいれば目につく可能性がある状態とは異なります。

現在、図書館の蔵書検索はパソコンでするのが一般的ですが、パソコンが普及する前までは紙のカードの目録を使っていました。さすがに今の時代、蔵書の有無を調べるならパソコンで検索するほうが便利なはずですが「目録カードのほうがよかった」といっている人がいました。「どうしてですか」と訊《き》いたら、「この図書館にどのくらいの蔵書があるのか、すぐにわかるから」だそうです。一理あるかも、と感じました。

かりに一ページに五〇〇字で二〇〇ページの本があるとします。一冊で一〇万字、一〇〇冊だったら一千万字になります。一〇〇冊は図書館の棚二段分くらいです。「どこに本があるかなあ」なんて書架をうろうろしていたら、すぐ数億の文字が通りすぎているのです。そんな中から必要な情報を探せるのですから、人も本も図書館も、たいしたものだと思いませんか。

図書館の建物に入ると、たくさんの書架に本がずらっと並んでいるのが見渡せます。そこを、歩いてめくって、直感的に体感できる空間が図書館なのです。いつもモニターとにらめっこしている人は、たまには図書館で文字の世界に触れてみてください。モニターの向こう側にある情報の見え方が変わることもあるでしょう。そういえば、左脳は言語などの領域、右脳は直感などの領域ともいいます。言葉を考えて検索をして、書架を見ながら直感で本を探すことでバランスがとれるかもしれませんよ。

◆クリックという行為

モニターに表示されたインターネットの情報で「このサイトは面白そう、どんなことが書いてあるのかな」とクリックして読むのも、図書館の書架で「この本は面白そう、どんなことが書いてあるのかな」と本を手に取ってめくるのも、基本的にかわりない情報への接し方なのかもしれません。

しかし私には、何か情報の残り方、理解の仕方が違うような気がします。個人的な考えですが、クリックする行為と、めくる行為の違いにも思えます。クリックは指先を動かすだけで情報にたどりつけます。そこから関連情報へのリンクをたどっていくのもクリック一つだし、自分が意図した情報と違っていて元の検索結果の一覧に戻るにもクリック一つです。棚から本を抜き出してめくる行為は、そこまで簡単ではなく、この本に出ているかなとイメージして本を引き出し、どこに書いてあるのかなとページをめくって、内容を確かめたら本を閉じて書架に戻す作業が必要になります。

前者の方があきらかに便利で、後者の方が手間です。でも、あまりにパパッとできてしまう行為のため、ひと呼吸置いて考える時間がなくなっているのではないでしょうか。考える時間より先に、次の情報、次の情報とクリックを続けていくのがインターネットのよさであり、せわしなさのような気がします。一週間前にどんなサイトを見ていたのか……、私の場合「ふうん」と読み飛ばしてクリックを続けていることがほとんどなので、残念ながらあまり記憶には残っていません。

情報があふれる時代、刻々と変化する流れに対応していこうとすれば、早くて便利にこしたことはありません。情報を知らないと損をすることが多いのも事実です。これから機器の使い勝手もさらに向上していくでしょう。しかし誰《だれ》もが、次の情報、次の情報とクリックを続けている時代だからこそ、ちょっと立ちどまって考えるような機会が大切なときも出てくるのではないかと感じます。

世界の各地で起こっているさまざまなことはモニターに表示されるけれど、肝心の自分のことや身の回りのことが、わからなかったりします。情報の波に飲み込まれず、情報と向き合って自分の立ち位置を確認したり、自分を見つめ直したりする時間も必要でしょう。それにはクリックだけでは早すぎるのかもしれません。

◆司馬遼太郎記念館

東大阪市にある司馬遼太郎《りょうたろう》記念館には、歴史作家の司馬遼太郎さんが所蔵していた図書が、吹き抜けの壁一面を利用した大書架に並んでいます。実用的な書架ではなく、記念館を設計した建築家・安藤忠雄氏による蔵書のディスプレイです。

大書架の前に立つと、本の迫力を実感するとともに、そこに詰まっている情報の量にも圧倒されます。

司馬さんは博覧強記な頭脳で、これら多くの本に書かれている内容に目を通し、思索し、頭の中に歴史上の世界を構築しながら、『坂の上の雲』『竜馬がゆく』など、数多くの名作を生み出していったのでしょう。

高さ一一メートルの大書架に並んでいる本は司馬さんの蔵書の一部の約二万冊で、自宅には六万冊ほどの本が収まっていたそうです。六万冊というのは、個人として所有するにはとんでもなく多い冊数ですが、図書館的にいうと、だいたい町立図書館や市立図書館の分館規模の蔵書数です。今だったら六万冊分のデータは手のひらに載るハードディスクに収まってしまうかもしれません。そしてインターネットに接続すれば、大書架に並んでいる本とは比較にならないほど膨大な情報にアクセスできます。

けれども大書架から受ける迫力は、パソコンのモニターからは感じられません。本という視覚化された状態だからこそ伝わってくる迫力もあるのでしょう。

司馬さんの作品は主人公が活躍するだけの物語ではなく、人物を通して見た時代の空気も描き出しています。縦横無尽に繰り広げられる歴史の世界は、多くの本をめくって、関連情報に目を通していく行為から生まれた気もします。今の時代、司馬さんの蔵書よりはるかに多くの情報にアクセスできるし、検索によって簡単に必要な記述を引き出せますが、司馬さんのような壮大な歴史の世界を描写するのは難しくなっているのかもしれません。

司馬遼太郎記念館　大書架（撮影は著者）

◆情報は誰かが書いている

本に書いてある情報はもちろん、インターネットで検索した情報にしても、コンピュータが文章を書くほど技術は進歩していないので、ヒットするのはどこかの誰かが書いている文章です。検索結果に一覧表示された文章は、誰かが書いたものを検索エンジンが順位付けして並べたものです。

その文章を書いているのは、徹夜で頑張っている新聞記者さん、企業の広報部門に配属された新人社員さん、趣味の世界に没頭している学生さん、子育てにてんてこまいのお母さん……、誰でも簡単に情報発信ができる時代です。

パソコンや携帯端末のモニターにきれいに文章が並んでいると、誰が書いたものかを考えにくくなる傾向があるように思えます。仕事で書いている決まりきった文句なんて、読む方も書く方も、あまり気にしていないかもしれませんが、でも、ぜったい誰かが書いたものです。

本の世界も同じです。本の世界だと、インターネットよりは書いた人をイメージしやすいかもしれません。この新書は、図書館に勤めている男性が、仕事の休日などを利用して少しずつまとめていったものです。皆さんは私が書いた文章に対して「ふうん」とか「そうかなあ」など、何らかの意見や感想を持ちながら読んでいるのでしょう。一方通行ですが、そこに私と読者の語り合いがあるのかなと思っています。

私と語るのを想像するのは嫌かもしれませんが、司馬遼太郎の作品だったら司馬遼太郎と、夏目漱石《そうせき》だったら夏目漱石と語りあっているわけです。本を通して、会う機会はなかった歴史上の英雄や海外の天才学者とも向き合うことができます。辞典の項目だってわかりやすい説明にするにはどうすればいいのかと、専門家が頭をひねって数行にまとめたものです。

たぶん本というものは大なり小なり、いろいろな思いがこもって一冊になっているのだと思います。一冊の中でどう表現していくのがいいのかを、編集者さんを交えて考えながら形にしています。

そうして書かれた本が、図書館の棚にびっしり並んでいます。図書館によってまちまちですが、学校図書館だったら一、二万冊、公共図書館だったら数万冊とか数十万冊を所蔵しています。それだけの本があるのだから、きっと人生を豊かにする本や、抱えている問題の解決につながる本も見つかるはずです。たまには書いた人のことを思い浮かべながら、図書館の棚を眺めてみてもいいと思います。

栞さんの調べもの③ 柿くへば、腹が鳴るなり

授業で習ったことがきっかけで、私は今、正岡子規の随筆を読んでいます。子規が病床で食べることにどん欲だったことがよくわかります。もし私が寝たきりになったら、やっぱり食事を大切にするだろうなと、共感してしまいました。その一方で、子規はなんでもガツガツ食べているんだけど、子規の好物って何だったのかと気になりました。

正岡子規の本ならたくさんありそうだから、いつものように市立図書館で調べてみることにしました。

まず正岡子規の伝記を探していきます。俳句の棚に何冊か並んでいて、そのうち『病牀《びょうしょう》六尺の人生　正岡子規』（別冊太陽／平凡社）の「食への執念」という章には

「子規の「食い意地」語録」「子規の好物」「再現 ある日のメニュー」などが載っていました。私が随筆で読んでいた光景もビジュアルに再現されていて興味深かったです。説明文によると、とくに柿など果物が大好きで「くだもの」という随筆があるそうです。また、子規の友人の夏目漱石の小説『三四郎』では、子規は大きな樽《たる》柿《がき》を一度に一六食ったことがある、と紹介しているそうです。現在なら大食い選手権に出場できたかもしれません。

「くだもの」は『正岡子規』（ちくま日本文学／筑摩書房）に収録されていたので見てみると、くだものの説明や、イチゴ、桑の実、グミなどを食べたときのエピソードが、こと細かく出ていました。とくに御所柿については、病気をおして奈良を訪れたとき、宿屋の「下女」が一尺五寸（約四五センチ）の「大丼鉢《おおどんぶりばち》に山のごとく柿を盛て来た」とあって、それを食べながら、東大寺の鐘の音を聞いたそうです。教科書に出ていた「柿くへば鐘が鳴るなり法隆寺」も、それだけ柿を大食いしている姿を想像してみたら、句のイメージが変わってきそうです。

せっかくだから夏目漱石の『三四郎』も確認してみました。「一の七」に「子規は果物が大変好きだつた。且ついくらでも食へる男だつた」と載っています。『漱石全集第5巻』（岩波書店）には注が付けられていて、子規門下の高浜虚子にも子規をモデルにした『柿二つ』という作品があり、やはり柿をよく食べているそうです。『漱石全集第25巻』には「正岡子規」という思い出話が載っていて「正岡の食意地の張つた話か。ハ、、、」で書きはじめられています。

もうすこし子規の周りの人がどう記録していたのかを知りたくなりました、子規の知人等による回想をまとめた『子規の思い出』（子規選集第12巻／増進会出版社）を見たら、子規の母・正岡八重の談として、子どもの頃は南瓜《かぼちゃ》が好きで「菓《くだ》物《もの》は小児の時からやはり好きでありました」と載っていました。子規門下の河東碧《かわひがしへ》梧桐《きごとう》がまとめた『子規を語る』（岩波文庫）に附録として収録されている「のぼさん（注、子規）と食物」には「柿は中でも好物であったと見えて、樽柿が出はじめる、と午後のお八つにも二つ三つ、いかにも食い足りなそうにたべた」と出ているし、正岡八重「母堂の断片」や、妹の律との対談「家庭より観たる子規」でも、やはり食べものが話題になっていました。

子規を研究している坪内稔典《つぼうちとしのり》氏が書いた『子規のココア・漱石のカステラ』（日本放送出版協会）は、子規や夏目漱石の作品から話題を広げたエッセイ集で、「柿好き俳句好き」の項をはじめ、子規の食べものに関するエピソードも面白そうなので借りて帰ることにしました。

「なんだか、私も柿が食べたくなったなあ……、一つでいいけど。」

第4章　情報のひねり出し方

◆使えるものは何でも使おう

図書館の中にある情報は限られています。何十万冊を所蔵していてもインターネットほど膨大な情報はありません。

そこで限られた情報の中で、なんとかやりくりをしながら見つけていく力が必要になります。ある事柄を調べていて関連のありそうな分野の書架を見ていったけれど、あいにく自分の意図したような記述は見つからなかった、なんてよくあるでしょう。そうした本を所蔵していないのかもしれないし、出版自体がないのかもしれない、図書館なので貸し出し中ということも考えられます。

けれど、すぐにあきらめないでください。せっかく図書館まで足を運んだわけだし、「他の本を見たら何か見つからないかな」と考えて、もうひとねばりしてみましょう。

語呂《ごろ》あわせの仕方が載っている本を探していたことがありました。皆さんだったらどこを探しますか。並んでいる可能性が高そうな分類は言語［8］のところで、日本語や言葉遊びのあたりです。でも、たまたまそこを見て手頃な本がなかったとします。そんなときにはどうするか。記憶法を考えて心理学の棚を探してみるのはひとつの手で、円周率を語呂あわせで記憶した『ぶっちぎり世界記録保持者の記憶術――円周率一〇万桁《けた》への挑戦』（原口證著、日刊工業新聞社）という面白い本が見つかりました。そして我ながらヒットだと感じたのはポケベルの本。もうポケベルなんて知らない人も多いですよね。携帯電話が普及する前の一時期にはやっていた数字だけのメールのようなものです。はじめは会社からの呼び出しなどに使われていましたが、当時の若者は数字の語呂合わせなどをして連絡を取りあうようになっていきました。ベル友なんて言葉があったくらいです。そんなことを思い起こしながら、書庫の奥に埋もれているポケベルの本を見ると、語呂あわせの実例や使い方がたくさん載っていました。

携帯電話の時代に、ポケベルの本に何の利用価値があるんだろう、と思ったら語呂あわせの作り方に役に立った。そうしたやりくりをしながら調べていけるのは、図書館での調べものの楽しさであるような気がします。

『るるぶ』（ＪＴＢパブリッシング）などの旅行ガイドブックは、旅に行く目的だけではなく調べものにも使えるかも、と考えたことはありますか。観光地やお店はもちろん、歴史、自然、風土、特産品、年中行事……、その土地のたくさんの情報が詰め込まれています。「冬の富山湾で獲れる旬の魚」「松江の和菓子とそのいわれ」「鹿児島の代表的な方言」などが載っていそうなページ、なんとなく想像できるでしょう。あまり有名ではない海外の国や地域まで一冊にまとめている『地球の歩き方』（ダイヤモンド・ビッグ社）は、私にとってはガイドブックというより参考図書です。

使えるものは、なんでも使えばいいと思います。

◆観点を追加する

物事は複数の観点から見ることができるものです。二つの観点だったら表と裏、三つの観点だったら立体的に見えてきます。

たいてい調べる内容は「ＡのＢについて知りたい」というかたちが多いような気がします。「ゴーヤの育て方」でも「鎌倉時代の京都」でも「宇宙飛行士の訓練」でもかまいません。ゴーヤの育て方なら、(A)ゴーヤから調べられますが、ゴーヤだけでまとまった本がないこともあります。ならば、(B)いろいろな作物の育て方が出ている本はないかな、と考えれば二つ目の観点になります。鎌倉時代の京都だったら、(A)鎌倉時代の本を見ると、鎌倉時代の日本で京都がどんな場所だったのかが書いてあるのに対し、(B)京都の歴史の本には、京都の歴史の中で鎌倉時代にはどんな出来事があったのかが書いてあるでしょう。

宇宙飛行士の訓練の場合、(A)宇宙飛行士の本はすぐに思いつきますが、(B)訓練の本というのは、やや想像しにくいかもしれません。でも、各種の訓練だけあつめた本や、肉体やメンタルのトレーニングの本があって、その中で宇宙飛行士のトレーニングも取り上げられている可能性はあります。そんな本をイメージしてみてください。プロボクサー、ピアニスト、パイロット……などの訓練法と一緒に宇宙飛行士も含まれている本、あるような気がしてきませんか。

二つ目の観点がうまく思いつかないときにはどうすればいいのでしょう。

もし皆さんが図書館員だったとして、カウンターで「宇宙飛行士の本はある?」と訊《き》かれたらどうしますか。小学生からの質問はぶっきらぼうになりがちだし、大人からも似たような感じの質問は多いです。でも宇宙飛行士の本だけだと、ちょっと漠然としていますよね。そんな時、図書館員は「宇宙飛行士のどんな本でしょうか？」って問いかけます。図書館用語でレファレンス・インタビューという行為です。質問者は迷いながらも「訓練が出ている本」とか「日本人の宇宙飛行士の体験談」とか「宇宙飛行士になる方法」と追加情報をくれるので、それに応じて本を案内していけます。

その図書館員の役を自分自身でやってみたらどうでしょう。自分で自分に「宇宙飛行士のどんな本？」って問いかければ、二つ目の観点が見つかりやすいと思います。

二つ目の観点から調べても、うまくいかなければ三つ目、四つ目の観点を追加していくこともできます。宇宙飛行士からでは思ったような本がなく、訓練法から調べても本が見つからなかった、じゃあ「どんな訓練法？」と自問自答して「無重力だと筋肉が弱るって聞いたけど」みたいなヒントを引き出せれば、図書館の本と結びつけて「無重力空間での生活について書いてある本はないかな、宇宙ステーションの本でも探してみよう」と観点を増やせます。そうして調べていけば、いろいろな分野からの観点が加わるので、調べている事柄も立体的に見えてくるはずです。

◆人からひねりだす

情報を力技でひねり出すような感覚になるときもあります。

一九三二年に九州上空で起きた飛行機事故を調べていたら、その事故調査に木村秀政という人物が関わっていたことがわかりました。その当時は無名でも後年には有名な航空工学者になった人物です。若き日の事故調査について何か書き残していないかと、木村秀政の自叙伝で事故調査の回想を見つけたことがありました。情報を記録しているのは人なので、人に注目してみるというのは一つのやり方です。

ちなみに、この事故は白鳩号事件といって物理学者の寺田寅彦《とらひこ》が「災難雑考」という随筆で取りあげています（『寺田寅彦随筆集　第5巻』岩波書店）。寺田寅彦に師事していて雪の結晶の研究でも有名な中谷宇吉郎にも「「もく星」号の謎《なぞ》――白鳩号遭難事件を回顧して」（『中谷宇吉郎《なかやうきちろう》集　第6巻』岩波書店）という随筆があります。こちらも人のつながりといえるでしょう。

図書館の蔵書検索をする際、テーマやキーワードで検索しても、著者から検索してみる機会は少ないような気がします。一冊は見つかったけれど、もう少しいろいろ知りたいというときには、その著者に別の本がないか検索してみてください。もし著書がなかったとしても、雑誌に何か書いていないか、インターネットで関連する情報は見つからないかと、人から掘り下げていくことができます。参考文献などを手がかりにして、おもに誰《だれ》がその分野を研究しているのかつかんでおくのもよいでしょう。

つづいて応用例です。人物の足跡を調べていたとします。ただし著書や評伝などが刊行されているような人ではなく、世間的にはあまり知られていない人だとします。関連する分野の本を手当たり次第に見ても、データベースをあれこれ検索しても、その人物に関する記載が見つからなければ、人のつながりに注目してみる情報のひねり出し方があります。

海軍にいた経験もあるAさんについて調べていたとき、どうにも調査が行き詰まりました。Aさんの上官だった人の追悼録が刊行されていたので、所蔵している図書館から取り寄せてみたら、Aさんの思い出話もいくつか載っていました。さらにAさんの学生時代の先生が著名な人だとわかったので、その先生の評伝や学校の記念誌を見ていったら、Ａさんの名前がところどころに出ていました。

その人自身から調べがつかなくても、同級生、同僚、家族などから手がかりが見つかることもあります。もっとも、どんな人とつながりがあったのかがわかる段階まで調べた上でないとできない調べ方かもしれません。また、その人物が断片的に見えてくるだけなので、全体像を知りたいというのであれば、かなり大変ですが細かい断片をたくさん集めて、人物を浮かび上がらせる作業も必要になるでしょう。

◆土地からひねりだす

土地にも注目してみてください。ある土地で何があったのかを考えて、情報をひねり出してみましょう。

小さな図書館で、一八〇〇年頃のウィーンの地図をみたいとか、一九〇〇年頃のロンドンの地図が見たいと言われても、歴史地図の本に出ていなかったり、ウィーンやロンドンの歴史の本が見当たらなかったら、ちょっと探すのは大変だと思います。そんな時、一八〇〇年頃のウィーンでは音楽が盛んだったことに注目ができたら、ウィーンの音楽の本や活躍していた音楽家の本に、当時のウィーンの地図も載っているかもしれないと考えつきます。一九〇〇年頃のロンドンだったら、夏目漱石《そうせき》が留学していたとか、シャーロック・ホームズの作品の舞台になっていた頃だとわかれば、その関係の本にあたってみてもよいでしょう。

全国的・世界的な企業でも人物でも文物でも、必ずどこかの土地と関連があるはずなので、その土地に注目して調べていくことができるのです。

書道の墨のことを調べていたとします。書道の本を見ていけば墨の説明は出ているはずです。国内の墨は奈良市で多く作られていることがわかりました。そこで奈良の本を見ていったら特産品の紹介として、墨のできるまでの行程や、どうして奈良が産地なのかの理由、歴史や自然風土との関係、今はどんなところで作っているのかなどを解説している本もあるでしょう。案外、墨作りのプロが教える上手な墨の磨《す》り方、なんてコラムが見つかるかもしれません。

人物にまつわる土地だったら、出生地、大学時代に下宿していた土地、仕事をしてい

本は調査でこう活かす ③

『○○県史』『○○市史』など（各自治体）

都道府県、市区町村が刊行している自治体史は調べものに重宝するわりには、ちょっと癖がある資料です。並んでいる背表紙を見ても『○○市史　通史編 2』なので、めくらないと内容がわかりません。おまけに蔵書検索のデータにも自治体史の目次等は入っていないことが多いようです。

たいていの自治体史は、資料編と通史編に分かれます。資料編が古文書や行政文書等で、通史編が歴史の記述です。資料編はあまり使わないかもしれませんが、元の史料の確認には必要になることもあります。

その土地に特色ある事項について力を入れて編集している自治体史もあります。例えば『神奈川県史　各論編 3　文化』の第 3 編「近代」を見ていくと「海外新聞と横浜毎日新聞」「横浜の女子ミッション・スクールと私立諸学校」「近代音楽の発祥」などが詳しく取りあげられています。『神奈川県史　資料編 14　近代・現代(4)』には、明治・大正の頃に横浜で刊行された新聞が多数収録されているし、附録は「横浜毎日新聞　第 1 号」です。大山詣でで有名な神奈川県の『伊勢原市史』だったら、資料編には「大山」「続大山」の二冊、別編「社寺」にも「大山通史編」が含まれています。同じく神奈川県の『小田原市史』の史料編には「小田原北条」が二冊、別編は「城郭」です。ちょっと見落としがちな感じがしませんか。

最近は市町村の合併も多かったので、旧市町村名で調べてみることもお忘れなく。

た土地、晩年を迎えた土地とさまざまです。ある小説家を少し違った視点からも調べてみたくなったとします。その小説家は鎌倉に別荘をもっていたことがわかったので、鎌倉の文化人を取りあげた本を見ていきました。すると、これまで見てきた本には載っていなかった、鎌倉に滞在していたときの風変わりなエピソードや、別荘地での文化人同士の交流を知ることができました。一般には認知度が低い人物や事柄でも、その土地では大きく取りあげられていたり、地元ならではの記述が見つかったりするのです。

◆どこが発信しているか

内容をもとに考えていくだけでなく、知りたい情報を発信しているのはどこなのかに注目してみるのも時として有効です。新聞を例にすれば、スポーツの結果を知りたいときはスポーツ新聞を見て、ビジネスの動向を知りたいときは日本経済新聞を見るでしょう。まず逆にはなりません。

有名な建築について知りたかったら、その建築ができた頃の建築系の雑誌をめくっていけばいいのですが、一口に建築系の雑誌といっても雑誌によって特色があります。たとえば「新建築」は話題の建築をビジュアルに扱っていて、「建築技術」や「建築知識」は技術に重点をおいていて、「a＋u建築と都市」は世界の建築の特集が多いといった具合です。調べる用途によって手に取る雑誌は違ってきます。関心の強い分野の雑誌だったら、各誌がどんな情報を発信しているのかをつかんでおくと、効率的に情報を探していくことができます。

本の出版社も同様です。建築の彰国社、歴史の吉川弘文館など、特定の分野に強い出版社もあれば、入門書が中心の出版社、専門書が中心の出版社、辞典類に強い出版社もあります。出版社の性格がわかれば蔵書検索の一覧で出版社名を見ながら、どんな情報が出ていそうか判別していけます。

最近はインターネットで各種の情報にあたれるようになりました。今年のインフルエンザの傾向だったら厚生労働省が発表していそうだとか、漁業関係の統計だったら農林水産省が関係していそうだとか、すぐに思いつきます。国に限らず地方自治体、企業、団体など、知りたい情報を発信しているところはどこだろうと考えていく探し方もあります。もし図書館関係の統計が知りたかったら、「図書館関係の統計ってどこがまとめているのだろう、図書館関係の団体かな。日本図書館協会ってあるのか。じゃあ、そこの刊行物やホームページを見てみよう」と探していけばバッチリです。

やや話はそれますが、情報をあつかうときには発信源の立場を考えるような見方も身につけておいたほうがいいかもしれません。一つの例ですが、住宅販売のフリーペーパーで「今、住宅は買い時か？」という特集が組まれていたとします。結論として、景気や金利がどうであれ「買い時」なのだと思います。「今は買わないほうがいい」という結論だと、そのフリーペーパーに掲載されている多くの物件は売れませんから。

この本の著者は図書館に勤めています。だとしたら、この本の結論は「図書館はとてもよいところなので、もっと使おう」になっている可能性が高いです。どうしてでしょうか。万が一、逆の結論にすると、その著者が明日から図書館に顔を出せなくなることが予想されるからです。

◆いつ必要とされた情報か

大雑把な感覚ですが、話題性のある事件や出来事があったら、まずインターネットやテレビのニュースなどに流れます。次の日の朝には新聞に載ります。しばらくして雑誌などに少しまとまったかたちで記事が掲載されます。さらに内容によっては数か月たってから本が刊行されます。早ければ早いほど速報性はありますが不確かなことも多くなります。図書館であつかう情報は本をはじめ編集されたものが中心なので、どうしても刻々と変化する情報を追いかけつづけるようなときには持ち味を活かしにくいといえます。一方、本に速報性はありませんが、きっちりまとめられていたり分析ができていたりするのが長所です。

同じテーマの本でも、いつ書かれたものかは押さえておきましょう。有名な政治家を主題にした本を考えてみてください。その人が若手議員として抱負を語っていた時期と、大臣になった全盛期と、亡くなってからまとめられた評伝では、同じ人物について書かれている本でも、かなり表現に違いがありそうでしょう。

一九九〇年前後はバブル景気でした。バブルだという認識すらない景気がよかった最中に書かれた内容と、バブルがはじけた後の分析では受け止め方が違っているはずです。とはいえ、前者が間違っているわけではなく、それがバブル景気の世相を反映した記述なのです。今、バブル景気はあまりよい評価をされていませんが、これから数十年もしたら、どんな評価になっているかはわかりません。

このような情報の流れ方や移り変わりのようなことを踏まえて、自分が知りたい事柄が、いつ必要とされた情報なのか、いつ頃に出回っていた情報なのかを考えてみてください。新しい知見の加わった最新の情報が常にベストだとは限りません。事実事項の確認だけなら、いつ刊行された参考図書の記載でもそう変わらない気はしますが、まとめられる過程で取捨選択もされるし、編纂《へんさん》されたときに重視していなくて省かれた事柄もあるでしょう。世間の関心によっても左右されると思います。

三〇年前に使用が禁止された農薬について調べたいと思って、最近刊行された農薬の本を見ても、農薬とは認められていないので載っていません。そのかわり、三〇年以上前の農薬の本にならば出ているはずです。実際、日本では禁止されている農薬が外国で使われていて問題になったときには、似たような調査をして回答しました。

図書館は書店に比べると古い情報にも対応できるよさがあります。今時、書店にいってもWindows 95の初心者向けの解説書なんてないでしょう。図書館でもスペースの関

本は調査でこう活かす ④

eX' Mook の「モノづくり」シリーズ（日刊工業新聞社）

日刊工業新聞社の eX' Mook として刊行されたモノづくりシリーズは、モノ関係の調べものに重宝しています。「モノづくり解体新書」（全7巻）、「モノづくり進化論」（全4巻）などが1990年代を中心に刊行されました。特色はイラストや平易な文章でわかりやすいこと。

例えば『続 モノづくり解体新書 一の巻』（2002年刊）には、羽毛ふとん、柿の種、ブラインド……、各種のモノをどうやって作っていくのかが載っています。モノの誕生や変遷を取りあげている巻もあります。他の類書には載っていないモノも多く、私はモノ関係の調べものをしてうまく探せないときに「ひょっとしたら出ていないかな」と、このシリーズをめくっていることが何度もありました。

現在では古くなったこともあり、出版社では品切れだし、書庫にしまっている図書館も多いでしょう。だからといって、このシリーズの役割が終ったわけではなく、10年以上たっても変わらないモノはたくさんあるし、今の新刊には載っていないようなモノの情報が見つかって、かえって貴重だったりするのです。つい最近もゴム長靴の作り方を調べるのにお世話になりました。

係で、使われなくなったり古くなったりした本は除籍もしますが、保存の役割もあるので書店よりは残っていることが多いようです。所蔵がなくても都道府県内の図書館などから取り寄せることもできます。また、パソコン雑誌のバックナンバーを保存していたら、Windows95の簡単な操作マニュアルくらいなら掲載されているかもしれません。

調べながら用語の変遷に気がつくこともあります。一九八〇年頃の本を見ていくと、「パソコン」と同じような意味で「マイコン」という用語が使われていたりします（現在は違った意味で用いられています）。キーワードにして検索するときには、用語の変遷も考慮する必要がでてきます。

図書館で、いろいろな情報に接していると、情報がどういう風に世に出て、まとまって、消えていくのか、なんとなくわかるようになります。

◆誰が必要とする情報か

図書館では「その情報はあの分野に関することだから、内容的にこのあたりの書架かな」と探していくのが一般的です。ただ、もう少しひねった考え方をすることもできます。それは誰が必要とする情報かという見方です。

本はある読者層を意識して作られていることが多いようです。逆手にとって、自分の調べている情報は、どんな読者が必要としている情報なのかを考えてみましょう。

腹式呼吸について調べていたとします。からだの本を見ても記述はあると思いますが、よりわかりやすく実践的に出ているのは何の本でしょうか。どんな時に腹式呼吸が必要とされるのかと考えられれば可能性がいくつも浮かんできます。ヨガや座禅、リラックスや精神安定法、歌やボイストレーニング、太極拳など、それらの本には、たいてい腹式呼吸が説明されていると思います。

紅葉はどんな条件の時にきれいか、ということだったら、そうした情報をとくに必要としているのはどんなときなのかを考えてみます。紅葉の名所にいくとき、ハイキングをするとき、風景写真を撮影するとき、などと思いついたら、そうした人を対象に書かれた本には、豆知識やコラムみたいな感じで紅葉がきれいになる条件が載っているかもしれません。こんな風に本をイメージしていければ、情報をいろいろなところからひねり出せるはずです。

「なるにはBOOKS」（ぺりかん社）というシリーズは、多くの図書館で所蔵しているはずです。高校生くらいを対象に、将来どうすればその仕事に就けるかをわかりやすく紹介したシリーズです。ただ、将来の志望とは関係なく、たとえばプロ野球選手の日常生活を知りたい人にとっても『プロ野球選手になるには』（柏英樹著）は役に立つ内容です。『音響技術者になるには』（江川裕子著）のように、かなりマニアックな仕事まで取りあげられています。公共図書館の場合、シリーズでまとめて仕事関係のコーナーやティーンズ向けのコーナーに置かれていることもあるので、そのテーマの棚だけを見ていると見落としてしまうかもしれません。その場合、「ある仕事についてわかりやすく知りたいのに、その分野の書架を見てもいい本がない……。そういえば若い人向けに仕事を紹介している本がまとまって置いてあったっけ」と目を向けられるといいでしょう。

◆児童書は使える

最近、公共図書館の児童書コーナーを覗《のぞ》いてみたことありますか。児童文学を愛読しているとか、お子さんでもいれば別ですが、ふつうは中学生くらいになると児童書コーナーなんて子ども向けの本ばっかりだからと、足が遠のくでしょう。

たしかに子ども向けの本が並んでいるのですが、だからといって大人には使えないかといえば、決してそんなことはありません。図書館の児童書コーナーは、子どもの本が並んでいるというより、超入門コーナーというくらいに認識しておいてください。レファレンスの回答で「わかりやすい内容だったら、児童書ですけど、こんな本がありますよ」と紹介することがあります。「えっ、児童書?」なんて顔をされている方もいますが、ぱらぱらとめくりながら満足して借りていかれる方を何度も見ています。

百聞は一見にしかずです。しばらく児童書コーナーにご無沙汰していたという方は、図書館を訪れたついでにぜひ立ち寄ってみてください。とくに身近な調べものをしたい方にはおすすめです。

児童書は一般書よりわかりやすいことはいうまでもないし、くわえて図版がたくさん掲載されています。「○○の写真が見たい」といった質問だったら、私は児童書を視野に入れて調査を進めます。

児童書を執筆している人や監修している人は、その分野の第一人者のことが多いので内容に対する信頼も持てます。近年は学校で調べ学習が行われるようになったので、調べものでの使い勝手に配慮して編集した本もたくさん出版されています。簡単な説明だけの本がある一方、へんにマニアックな本があるのも児童書の特色です。

会社勤めの方で、明日の会議までに電気自動車の仕組みを理解しておきたいとします。電気自動車の一般書を探すこともできますが、あえて児童書コーナーに足を向けてみませんか。電気自動車の仕組みがイラスト入りで出ている本はたくさんあります。一冊まるごと電気自動車の本も見つかるかもしれません。もちろん内容は平易なので、さらさらと読んで理解できます。電気自動車の一般書を読む必要があるにせよ、児童書で概要を理解しておいてからのほうが理解度は大幅にアップするはずです。

この新書を読んでくださっている大人の方も多いと思いますが、ちくまプリマー新書は中学生くらいからを対象としているので、私もそうした読者に伝わるように、わかりやすさを心がけて書いています。必然的に大人の読者の方にもわかりやすい内容になっているはずです。

本は調査でこう活かす ⑤

「そだててあそぼう」シリーズ（農文協）

農作物や畜産物などを調べる定番の「絵本」です。一冊につき、ほぼひとつの作物を取りあげていて、すでに100冊以上刊行されています。特徴は多角的に説明していること。

たとえば『カキの絵本』（そだててあそぼう30／2001年刊）をざっとめくっていくと、あま柿としぶ柿、種や花、品種、栽培と生長・収穫、柿しぶの使い方、干し柿やあんぽ柿、柿を使った料理、世界への伝来……、という構成になっています。もちろん子どもも対象とした絵本なので、イラストも多いし、わかりやすく丁寧な文章です。やや詳しめの解説や参考文献も巻末に出ているので、調査を展開していくのにも助かります。柿についての調べものだったら児童書といっても、まずこの本に目を通しておきたくなる理由がわかるでしょう。

そんなに一般的でない作物もテーマになっていて『赤米・黒米の絵本』（そだててあそぼう91／2010年刊）なんて、誰がそだててあそぶんだろう。でも赤米・黒米関係の調べものだったら、たいていこの一冊で間に合ってしまうのです。

難易度にあわせて情報を探せるのも図書館の持ち味のひとつです。

◆見つからない原因は

お父さんが「子どものころ、空き地にあった秘密基地みたいなものを、自分の子どもと一緒に作ってみたい」と思って児童書を探しても、たぶんありません。なぜでしょうか。子どもだけで作るのは危険だから児童書にはないのです。むしろ、それに近い内容なら、大人向けに書かれたアウトドアの本などに出ている可能性が高そうです。「なぜ見つからないのだろう」と疑問が湧いたら、その原因を自分なりに分析してみると、情報の理解が進んで、調べものを展開させることができます。

数年前に、使わない照明を消すとか裏紙の再利用など、オフィスのエコについて調べたことがあります。たぶん《オフィスでできるエコ》みたいな本が環境の棚にあるだろうと見にいったのですが、そうした本は見つかりません。同僚と「なんでないのかな」と首をひねっていました。そんなときには、ちょっと立ちどまって考えてみましょう。

まず気が付いたのはＩＳＯ１４００１という企業等を対象にした環境マネジメントの

国際規格があるので、その解説書などを見れば事足りるから《オフィスでできるエコ》のような本は必要がないのかも、ということです。実際、ＩＳＯ１４００１関係の本は何冊も所蔵しているし、オフィスのエコについても触れられていました。けれど規格の解説書なので、やや硬い感じの内容です。もう少しわかりやすい実例などを交えた情報はないのかと調べ直してみます。

結果、オフィスだけでまとまっている本はなくても一般家庭でできる節約と一緒に会社の節約が載っている本ならありました。環境関係の雑誌を見ていったら、エコに積極的な企業を特集した記事や、優秀な節約をした会社を表彰している記事が見つかりました。インターネットのサイトに節約のマニュアルを載せている企業もありました。環境は複合的な問題なので環境の分類だけでなく思いついた節約ごとに、電気の節約だったら電力の分類、水の節約だったら水道の分類にあたっていくこともできます。以上のように、一冊の内容、媒体の違い、分類の異なりなど、見つからないのにはさまざまな理由があるのです。

ぴったりした事柄が見つからないときには、類似した事例を探してみるのも一つの対処法です。官公庁や学校の節約なら、会社でも応用できるものが多いはずです。環境問題に力を入れている外国の事例をまとめた本には、その国の会社がしている取り組みが紹介されていました。最初に思いついた《オフィスでできるエコ》のようなズバリの本はなかったけれど、求めている情報は多くの資料で見つかります。

レファレンスでは、あくまで資料の記述に基づいて回答するのが原則なので、図書館員が自分の考えや推測などを口にすることは控えます。それでもあれこれと調べていくうちに「たぶん、こんな感じではないかなあ」と理解が進むことがあります。もし皆さんが調べていて資料がなければ、自分で仮説を立ててみてもいいかもしれません。

そして「見つからない」という情報も活用しましょう。それでおしまいではなくて、そこから先に進む道もたくさんあるはずです。探している事柄の説明が見つかっても自分で納得がいかなければ、それは次の調べものにつながっていきます。「その先には何があるんだろう」「自分だったらどうするかな」と頭に浮かんだら、その本の記述より先に進めたのかもしれません。そんな考え方ができる人は、ほんとうにすごいと思います。

◆いろいろなことを疑う

よく思い込みによる間違いにも遭遇します。Aさんの著書だと思っていたらBさんの著書だった、というのはめずらしくもありません。メールで「四角い電子の本はありませんか」と質問を受けて、何だかわからないまま調べていたら「視覚遺伝子」の変換ミスだったこともあります。

調べていて該当する記載が見つからなければ、どこかで調べている内容を疑うことも必要になります。三年前の「文藝春秋」四月号で読んだ記事を見たいといわれて該当するものが探せなかったら、三年前が違うか、四月号が違うか、「文藝春秋」ではなくて別の雑誌なのか、と疑わなくてはなりません。さらに、すべてが違っている可能性もないとはいえません。

私が勤めている図書館が一九七〇年頃に作ったレファレンスの記録の冊子を見ていたとき「松根○○著『汚染生態学』を探している。著者・書名はうろおぼえ」という事例がありました。その当時の司書は、各種の冊子の蔵書目録を見たり、大学や研究者の名簿で松根姓の学者を探したりしましたが、該当する本も著者も見つからなかったようです。そこで『汚染生態学』に近い内容の本の参考文献に目を通していって、津田松苗著『汚水生物学』という本に気がついたそうです。当時と違って今は検索という手段がありますが、著者名が松の一文字しかあっていないうえ、書名もほとんど違っているので、検索だけでこの本に至るのは相当難しいと思います。

間違っているかもしれないと感じたら、自分が調べたい内容のうち、正しい確率が高そうな部分はどこかを考えられるといいかもしれません。右の例だったら、環境汚染と生物について書かれた学術書、という部分は正しかったみたいです。調べたいことに間違いが含まれているにせよ、まったく手がかりがないわけではないでしょう。

調べながら自分の間違いに気がつくこともあります。「入江泰吉《たいきち》が撮った奈良の写真だと思っていたから、入江泰吉の写真集をさんざん見ていったけれど、どうも探している写真は入江泰吉とは作風や時代が違っているような気がする」と感じたとき、そこで視点を変えてみて、今度はいろいろな写真家が撮った奈良の作品集を見ていったら、自分が探している作風と近い写真家が見つかるかもしれません。

本に書かれていることが、なんとなく腑《ふ》に落ちないこともあります。本の記載だって間違いがないとはいえません。本を何冊か見たら、それぞれ違うことが書いてあったりもします。そんなとき、図書館員は複数の本を見て内容の確認をとっているし、それでも記述が違っていたら両方の情報をあわせて提供しています。もしできれば「どちらが正しいのか」だけでなく「どうして違って書かれたのか」ということにも気をとめられるといいように思います。

インターネットでは各種の記事が見られますが、情報を発信しているのが中立とはいいにくい機関の場合もあります。インターネットでは複数の情報を簡単に読み比べできるのが長所でもあるので、気になる情勢や論評などはひとつの記事だけでなく複数に目を通しておいてください。

一般的に情報は元にさかのぼるほど信憑性《しんぴょうせい》が増します。引用されている情報で気になったことがあれば、その引用されている元の情報にあたっておいたほうが確実です。仮に統計だったら、転載されているものや著者の解釈が加わっているものではなく、出典を参照して元の統計を確認したほうがいいでしょう。

◆知識を増やしてレベルアップ

調べものをしていて、しばらくしてから同じ書架を見てみると、以前は気がつかなかった情報が目にとまることがあります。調べながら知識はついているので、以前に調べたときとは違った見方ができるようになっています。

難解でわからなかった専門書も、あちこち調べているうちに、その分野の知識がついて、おおまかな内容を理解できるようになることだってあります。ロールプレイングゲームだったら、経験値が増えてレベルアップした、といった感じでしょうか。

ある技術を調べていて、最新の技術だと思って新しそうな本ばかり見ていたけれど、それは思い込みで実際には一〇年くらい前に生まれた技術だと判明したら、少し古い本まで調べる対象を広げられます。高層ビルの震動抑制の技術を地震との関連でばかり調べていて、風による震動も関連することに気がついたら、同じ高層ビルの本でも開く章が違ってきます。「制震」とか「ダンパー」といった専門用語もわかってきたなら、索引の引き方も変わるし、そのキーワードで検索していけば今までとは違う情報にもたどりつけます。

最初に調べ始めた書架は一番可能性がありそうだから、そこを見たのだと思います。自分の知りたい記載が出てこなかったとしても、すでに調べたからおしまいではなくて、二度三度と調べ直してみてください。

ぜんぜん別の件で書架を見ていて「そういえば昔、よくわからなくてお蔵入りした調べものがあったけど、このあたりの本も見ておけばよかったな」と思いつくこともしばしばあります。別に図書館にいるときでなくても、帰りの電車とか、布団の中でひらめいたりもします。わからなかったことを忘れてしまうのではなく、問題意識として頭のどこかに漂わせておけば、時間はかかるかもしれませんが、何かの時、これまで気がつかなかった情報に巡り会うこともあるでしょう。

さて、辞典にあるような簡単な記述や事実事項の確認であれば、該当する項目やページに目を通すだけでかまわないかもしれませんが、その分野について全般的に知りたいときや、基礎知識がないと理解しにくいこともあります。

そんなときには、概説書を一冊、できれば数冊、読んでみてください。その分野の知識が乏しければ、新書など一般読者を対象にわかりやすく書かれているものがいいでしょう。一冊読んだだけでも調べものの効率は格段にアップします。同じ棚に並んでいる本を見ても、どの本が関係あって、どの本が関係なさそうなのか、おおよその見当がつくようになっているはずです。また同じ箇所を読むのでも、基礎知識がない状態と一冊でも読んだことがある状態では理解力が違ってきます。検索をする際にも、より適切なキーワードを選択していけます。

図書館員がレファレンスで調べているときは、その質問だけに延々と関わっているわけにはいかないので、一冊読んで基礎力をつけてから対応するような調べ方は、まずできません。そうした調べ方ができるのは調べている本人だけになります。

余談ながら図書館での仕事の一環で、企画を立てたり、講演などイベントを催したりするとき、私は必ず関連する本を何冊か読んでおくようにしています。それを怠ると通り一遍のつまらない企画になるし、説明を求められたり、関係者と打ち合わせにいったりしても話がすすまなくなるからです。学校の行事や会社の仕事、地域活動でも似たようなケースはあるでしょう。関わりながらの楽しみ方も違ってきます。調べものに限らず必要なときには、基礎知識をつけてから臨んだほうがいいと思います。

栞さんの調べもの④変わらない値段と変わる店

見近な値段の移り変わりを調べる課題が出ました。私が知っている白黒コピーの値段はずうっと一〇円です。「昔は三〇円だったこともある」とお母さんは言っていましたが、いつ頃から一〇円になったのか、どれくらいのあいだ変わっていないのか、気になったので、私はコピーの値段を調べてみることにしました。

先生から配布された「こんな統計を見てみよう」のプリントを参考に、市立図書館で統計の本を何冊もめくっていきました。『値段史年表――明治・大正・昭和』（四七ページ参照）のような楽しい本も見つかりました。しかし、ほかの値段はたくさん出ているのに残念ながらコピーの値段だけはどうしても出ていない。コピーよりもマイナーな品物やサービスの値段も出ているのにおかしいな……。

その時、私が気付いたのは「ずうっと一〇円だから統計の指標にする意味がないんじゃない」ということでした。それでも、いつの時点かで一〇円になっているはずです。それを調べるにはどうすればいいのかな、古い新聞に記事があるかもしれないとひらめきました。

この図書館では新聞のデータベースが使えるらしいので試してみることにします。カウンターで利用を申し込んで〈日経テレコン21〉で記事を検索してみました。しかし「コピー」や「料金」をキーワードにしても、関係ない記事ばかりヒットしてうまくいきません。コピー機はコンビニで使うことが多いから「コンビニ」などもキーワードに入れて検索して、ようやく手がかりになりそうな記事が何件かヒットしました。「ファミリーマート、全店に高速コピー機　料金を10円に統一」(「日経流通新聞」一九八八年一二月一三日)には「店によってマチマチだった料金を十円に統一し始めた」と書かれていました。いつ頃からコピー機がコンビニに普及していったのかも気になって検索を続けると「コンビニで複写サービス　セブンイレブン、ミノルタとセルフ方式を開発」(「日経流通新聞」一九八二年七月一五日)という記事がありました。

コンビニの本にも何か記載されているかもしれないと、コンビニ関係の書架に並んでいた会社史『セブン・イレブン・ジャパン　1991―2003』(セブンイレブン・ジャパン）の巻末の年表を見ていったら「一九八二年四月、コピーサービス開始」と載っていました。同じく年表によると、カラーコピー機の導入開始は一九九六年一〇月で、翌年四月には全店で導入完了とあります。

数少ない情報なので断定はできないけれど、コンビニでは一九八二年頃からコピーサービスが始まって、一九八八年頃に一〇円に統一されて今に至っているのかな。微妙に課題の趣旨とは違うような気もするけど、まあいいよね。そういえば最近はコンビニのコピー機でもデジカメの写真をプリントしたり、いろいろなことができるようになっています、そんな影響を受けて商店街の写真屋さんはシャッターが降りたままになっているのかな。デジカメだとあんまり写真屋さんを使わないし。あの写真屋さんで子どもの頃、七五三の写真を撮ってもらったのになあ……。

せっかくだから写真屋さん関係の統計を探してみることにしました。

今度はコピー機よりは探しやすく、先生のプリントにも紹介されていた『民力二〇一〇』（朝日新聞出版）の「業種別小売統計商店数」「業種別小売統計年間販売額」の表に「写真機・写真材料」という項目が出ていました。出典は経済産業省となっています。『日本の統計 二〇一〇』（総務省統計局）の「卸売業・小売業の産業別事業所数、従業員数、販売額と売場面積」にも同じ数値が載っていました。たぶん、こういう調べものを先生は期待していたのでしょう。国が作成している統計はインターネットでも確認できると聞いていたので、〈政府統計の総合窓口〉を見ていったら「家計調査」の統計にも「カメラ」「フィルム」「現像焼付代」の項目がありました。

ほかにも何かないのか知りたかったのでカウンターで司書さんに相談してみました。司書さんは「白書に何かあるかも」と白書の棚に並んでいる本をめくって、『情報メディア白書 二〇一〇』（電通総研）から「アマチュア写真売上高」の統計を見つけてくれました。デジタルカメラ関係の売り上げは少し伸びているけれど、銀塩写真やフィルムの売り上げは大きく減っているので、総売上高は減少が続いています。出典は「日本カラーラボ協会「アマチュア写真市場の動向」を基に作成」と書いてあります。司書さんは「こういう写真関係の団体のホームページを見てみると、統計が載っていることもあるかもよ」とアドバイスしてくれました。

私は課題のテーマをコピー機から写真に方向転換することにして、もう少し調べてみることにしました。

「写真の統計が出ている本を、さっそくコピーしておかないとね。あ、この図書館ではいつからコピーが一〇円なんだろう……」

第5章　図書館でできること、自分だけができること

◆その図書館を知る

毎日使っているスーパーマーケットで買いものをするときは、すいすいとカゴの中に品物を入れていけるけど、あまり使わないスーパーマーケットだとまごついてしまいますよね。「天カスってどこに売っているの」なんてすぐにはわかりません。その空間での土地勘みたいなものもあるようです。また、レジで「ネギを半分に切ってください」って頼めるのかも、いつものスーパーマーケットとは勝手が違うかもしれないので躊躇《ちゅうちょ》してしまいます。

よく利用している図書館を思い浮かべてみてください。どんなコーナーがあって何ができるのか、カウンターでどういう対応が可能なのか、ご存知ですか。自分がよく使うコーナーやサービスは知っているけれど、ほかのことはあまり知らないという方が多いのではないでしょうか。

図書館を俯瞰《ふかん》してみます。公共図書館だったら一般書と児童書、郷土資料などに分かれていることが多いでしょう。一般書はたいてい分類法のとおりに並んでいます。辞典とか貸し出しできない参考図書は少し離れて置いてあるかもしれません。統計や白書など内容でまとめていたり、新書・文庫本など形態でコーナーが作られていたりもします。本のほかにも、雑誌や新聞、視聴覚資料のコーナーもあるでしょう。書庫があれば、古い本や貴重書、雑誌のバックナンバーなんかがぎっしり詰まっています。

こうしたことをふまえて、図書館が持っている全ての可能性を引き出していこうとすれば、一般書の各分野、参考図書、新書・文庫本、必要に応じて雑誌・新聞、児童書など、けっこうあっちこっちを調べる必要が生まれます。

私は「そういえば、あそこも見ておこう」と思い浮かんだほうに足を向けて歩き回っています。同じ分野の資料は一カ所にまとめて置いといてくれればいいのにとも思いますが、分かれているメリットもあるので痛しかゆしです。自分の勤めている図書館なので資料の配置は頭に入っていますが、仮に新書だけ別に置いているのを知らなかったら、とても役に立つ新書があっても見逃してしまうかもしれません。ある企業の社風について調べているなら、その企業について書かれた一般書を調べていくのが普通ですが、「プロジェクトX」のDVDに収録されていた企業じゃなかったっけ、と視聴覚資料のコーナーを探してみることもできます。

調べている合間には検索を交えていきます。図書館にあるパソコンでできることは、蔵書検索やインターネットの閲覧だけとは限りません。図書館が契約しているデータベースや、CD-ROMなどの電子媒体には、どんなものがあってなにができるのかを確認しておくといいでしょう。調べることを目的に作成されたツールなので、調査に威力を発揮します。いろいろな情報を組み合わせる相乗効果によって、図書館からより多くの情報を効率的に引き出せるはずです。

◆図書館に本が並ぶまで

書架に並んでいる本はどうやって選ばれているのでしょう。図書館によって違いはあると思いますが、興味のあることかもしれないので簡単に紹介しておきます。

どの本を購入するかは、主には新刊情報のリストをチェックしながら選んでいます。

契約している書店が持ってくる現品（見計らい本といいます）を見て確認できるものもあるし、新聞の書評や分野別のベストセラーの動向を参考にすることもあります。もちろん好き勝手に購入できるわけではなく、購入の基準にそって選書の会議で、どの本を購入するのかを決めていきます。

調べものの視点から、どんな風に本を選んでいるのかを紹介すると、

「少し変わった本で、すぐに利用はないかもしれないけれど、そうめったに刊行されるテーマではないから、調べている人がいたら重宝しそう」

「このジャンルの参考図書としては基本的な位置づけだから、やや高額だけど所蔵しておきたい」

「新しい本がなかった分野だから、ぜひ蔵書に加えたい。古い本しか案内できなくて、ちょっと困っていた」

という感じです。結果、書店にあるような、いわゆる売れ筋を中心とした本とはすこし違った本が図書館に並んでいきます。

第2章で例にしたような社史など非売品の資料は寄贈をお願いして入手しています。

豚まん・あんまんの変遷を調べていたときには、どうしてもいくつかの食品メーカーの社史を押さえておきたかったので、他館でも未所蔵のものを寄贈依頼して入手し、回答に結びつけたこともありました。

こうして所蔵した数々の資料は、ただ書架に並べるだけではなく、棚の上にディスプレイして置いたり、特定のテーマで展示したり、ホームページや広報紙で紹介したりしています。それらを目にした人が「ふうん、こんな本もあるんだ」と手にとって、生活や仕事に活かしていけるかもしれないし、すぐに利用に結びつかなくても図書館で所蔵していることを知ってもらえば、何かのときに思い出して役に立つかもしれないからです。本の紹介に限らず、図書館の仕事とはきっかけ作りなのではないか、と最近感じるようになってきました。

◆小さな図書館のメリット

たまに「うちの図書館は小さいから、あまり調べものができない」といった声を聞きます。県立図書館など大きな図書館が身近にある方は全国的にめずらしいと思うので、

図５　蔵書数と情報量の関係

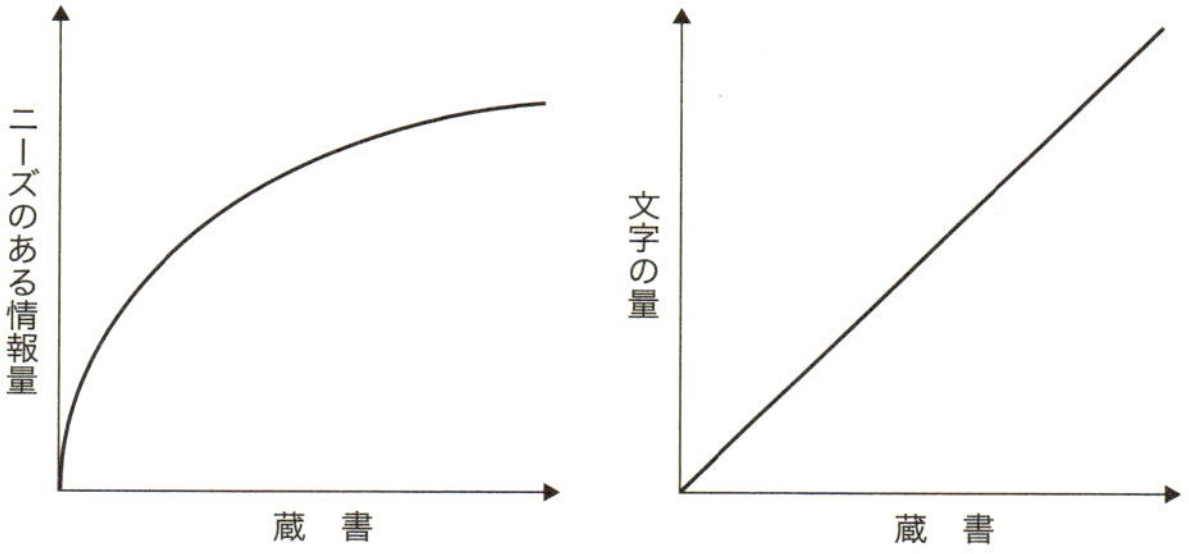

小さな図書館のメリットをすこし贔屓《ひいき》して書いておきます。

蔵書が一万冊くらいの学校図書館と、五〇万冊の県立図書館を考えてみましょう。学校図書館に比べて、県立図書館は五〇倍の本があります。だから文字の量だけなら蔵書数に比例して五〇倍の情報量があるといえます。けれど県立図書館で学校図書館の五〇倍のことがわかるかといえば、そういうわけではありません。

学校図書館に鎌倉のガイドブックが二冊、県立図書館には一〇冊あったとします。掲載されているお店などは微妙に違うにせよ、有名な寺社や観光スポットについては重複する内容もかなりあるので、五倍の情報量になるとはいえません。

学校図書館でも県立図書館でも基本的な参考図書は所蔵しているので、それでカバーできてしまう調べものもけっこう多いはずです。学校図書館でなかなか記述がみつからなければ、一冊をあちこちと丹念にめくって探していく機会も増えるので、参考図書の使い方を身につけられます。そして、自分の興味がある分野の棚だったら、どんな本が並んでいるかを覚えてしまったり、人によっては読み尽くしてしまうかもしれません。自分の書斎みたいな使い勝手も生まれるでしょう。

五〇万冊もあるような県立図書館には、古くなって利用価値が低くなった本や、ごく一部の人のみが必要とする本も多く含まれています。逆に学校図書館では、対象者にとって役に立ちそうな本に絞って揃《そろ》えています。もちろん本で足りない情報はインターネット等で補うこともできます。

これまで図書館の魅力は全分野の資料があることで、いろいろな分類を見るのがよいと書いてきましたが、蔵書五〇万冊の図書館ではかなり大変な行為になります。フロアが分かれていれば、三階にいって本を見て、二階で参考図書をコピーして、今度は別館で書庫の本を閲覧するといった調べものになることもあるでしょう。

一方、学校図書館だったら部屋を一周するのは簡単です。きょろきょろ見回せば、すぐ他の分類が目につきます。書架に並んでいる本の冊数は限られているので、知りたい情報の有無は数分も調べればわかるし、もしなかったら別の分野の本を探すくらいしか選択肢はありません。学校図書館に限らず小さな図書館や児童書コーナーなどにもいえることですが、コンパクトであるがゆえに、分野にとらわれないで全体を見渡す視野を鍛えられるのではないでしょうか。

物事を調べていくのには、広く浅い見方が必要なときと、掘り下げる見方が必要なときがあるような気がします。県立図書館や大学図書館などには、専門書や雑誌も多いので深く探究していくことができますが、普通の公共図書館ではそこまで掘り下げた調べものはできません。そのかわり幅広い分野の本が並んでいるので広く浅く調べるのには適しています。広く浅くだったら程度の差はあれ、どこの図書館でも対応できます。小学生や中学生の自由研究で深く専門的に調べていくのは難しくても、広く浅くだったら取り組めるでしょう。大学生になって卒業論文を書くときや、仕事で綿密にリサーチする必要があるときはともかく、それまでは広く浅く物事を見る力を養っておいてもいいつけやすくなります。

かもしれません。

「専門的な資料をめくっておこうかな」と「別の分野にはなにか出ていないかな」という二つの見方をうまく切り替えて調べられれば、調査に行き詰まったときの打開策も見つけやすくなります。

◆もっと調べたいとき

小さな図書館のメリットを書きましたが、どうしても情報の全体量は限られてしまうので、十分なことが調べられなかったら、大きな図書館に足を運ぶことも考えないといけません。掘り下げて専門的に調べてみたい、徹底的に資料をかき集めたいなど、目的がはっきりしているなら、はじめから対応できる大きな図書館に行ったほうが効率的でしょう。

自治体や地域によって違いはありますが、市立図書館の分館よりは中央館、さらに都道府県立図書館のほうが、より高度な調べものに対応していけます。都道府県立図書館には市町村立図書館をサポートする役割があるので、参考図書を充実させていたり、市町村立の図書館では収集していないような専門的な図書や雑誌を揃えていたり、資料の保存にも力を入れていたりします。規模が小さな図書館でも特定の分野の資料を充実させていたり、分館ごとに重点的に収集するテーマを決めていることもあります。

どの図書館で調べていくのがいいのかが思いつかなかったら、学校図書館や身近な図書館の司書に相談してみてもいいでしょう。図書館員は研修や見学などを通して近隣の図書館の特色を知っているし、図書館のネットワークもあるので、適切なアドバイスをすることができます。もし、医療関係のことを調べていて、その図書館に満足のいく資料がないということだったら、カウンターで相談してみれば「近隣の市立中央図書館では医療のコーナーが充実しているし、県立看護学校の図書館も一般公開していますよ」などと案内してもらえます。はじめて利用する図書館だったら、電話やホームページで開館時間や休館日、利用条件などを確認することはお忘れなく。

よく問い合わせをいただくので念のためですが、公共図書館は、その自治体に住んでいなくても、通勤・通学していなくても利用はできます。貸し出しができないとか、その地域と関係ないレファレンスには応じないなどの制限はありますが、地域外を理由に館内閲覧や複写を断られることはまずないと思います。旅先や出張先で公共図書館があったら遠慮なく入ってしまって大丈夫です。時間があったら郷土資料のコーナーなどを覗《のぞ》いてぱらぱらと本をめくっておけば、地域のことがわかって旅の楽しみが増えたり、仕事のネタを拾えることもあるでしょう。

◆専門機関も活用する

少し前のことですが、魚肉ソーセージを調べていて、書庫の中をごそごそやっていたら「魚肉ソーセージ」という雑誌が出てきました。発行元は日本魚肉ソーセージ協会（現在は解散）。「そんな雑誌、あるんだなあ」なんてびっくりしました。

掘り下げて調べる必要があるときは専門機関の情報も頼りになります。

博物館・美術館、学会・協会などの専門機関によっては、図書室や資料室を一般公開していて、所蔵資料をインターネットから検索できることもあります。その分野にどんな専門機関・専門図書館があるのかは『専門情報機関総覧』（専門図書館協議会）などで調べられるし、カウンターで声をかけていただければ案内することもできます。

私自身も、以前、紙をテーマに文章を書いたときには、イメージをふくらませたかったので、紙の博物館（東京都北区）を見学しました。博物館の展示品や解説はもちろんですが、博物館の図書室では公共図書館では所蔵していない図録や刊行物、業界雑誌など、多くの資料を目にすることができました。

地域に公開している大学図書館も増えてきました。近くの大学には、どんな学部があって、どんな蔵書の特色があって、利用条件はあるのか、確かめてみてください。

また、各地の公共図書館の郷土資料コーナーも専門図書館みたいなものです。地元にゆかりの著名人、伝統文化や特産品などの資料は充実していることが多いので、調べている事柄に関係が深い地域の図書館のホームページは、ぜひチェックしてみてください。そのテーマの資料のリストが掲載されていたり、珍しい資料が見つかったり、著名人の蔵書が寄贈されて○○文庫になっているのに気付いたりします。

図書館で調査が行き詰まったときには、専門機関が公開しているデータベースにあたってみることもあります。ごく一例ですが、国立公文書館のデータベースからは図書館員がなかなか思いつかないような、昔の国の公文書などがひっかかるので奥の手的に検索しています。人名で検索したら、その人が国費で留学したときの記録が見つかったり、国関係の仕事をしていた人なら任命や配置換えの辞令などが出てきたりします。ほかにも国文学研究資料館のデータベースなら和漢書や古典籍、東京大学史料編纂《へんさん》所のデータベースなら古文書や古記録が検索できるし、文化庁の国指定文化財等データベースなども便利です。いくつかの専門的なデータベースをまとめて検索できる国立情報学研究所の〈学術研究データベース・リポジトリ〉というサイトもあります。

◆専門機関の紹介

専門機関といってもあまり馴染みのない方も多いと思うので、ここでは二か所だけ、写真と教科書の図書室を紹介しておきます。

【東京都写真美術館　図書室】

図書室を併設している美術館や博物館はたくさんあって、それぞれ特色ある資料を所蔵しています。東京都写真美術館の図書室では写真と映像の資料を収集・公開していま

東京都写真美術館（東京都目黒区）

す。二〇一〇年時点での所蔵図書は約三万五千冊、そのうち約三分の一は洋書です。洋書の写真集が充実している公共図書館はほとんどないでしょう。海外の著名な写真家の作品集などを見たいというなら、この図書室での閲覧を考えてみてもいいかもしれません。

ほかに全国の美術館・博物館の図録、カメラ雑誌のバックナンバーも閲覧できるので、写真関係の本や雑誌をまとめて調べていくのにはとても役に立ちます。所蔵資料は東京都写真美術館のホームページからだけでなく、〈美術図書館横断検索〉というサイトからも検索できます。幕末・明治期

東書文庫（東京都北区）

の古写真や、一九六〇年代の日本の写真家の作品は、海外でも関心が高く、ヨーロッパから閲覧に訪れる方もいるそうです。

【東書文庫】

東書文庫は、江戸末期から今日にいたるまでの教科書を系統的に所蔵した教科書図書館です。一九三六年、東書文庫は、当時から教科書の発行に携わっていた東京書籍によって設立されました。貴重な教科書や教育関係資料を、しっかりと後世に伝えていかなければいけない、という理念のもと、江戸時代の往来物（寺子屋の教科書）から現在に至るまでの教科書を系統的に所蔵しています。二〇〇九年には、約十四万二千点の所蔵資料のうち明治初期から戦後の文部省著作教科書までの約七万六千点が、国の重要文化財に指定されました。

館内の展示室では、明治時代の掛図や教科書、終戦直後の墨塗り教科書など、時代ごとの代表的な所蔵品を見ることができます。また、保存状態の良い所蔵品は、閲覧室で手に取って見ることも可能です。ひとつの題材から複数の時代を追うことも、ひとつの時代の複数の教科書を見比べることもできるため、日本の教育史の奥深さを体験することができます。教員や大学生だけでなく、子どもの頃を懐かしむ人や、挿絵・印刷などの研究者まで幅広く利用されています。また、東書文庫のホームページでは、所蔵資料を詳しく検索することができます。

◆資料を取り寄せる

見ておきたい本があるけど、近くの図書館には所蔵がないし、大きな図書館まで足を運ぶのはたいへん、というときには、本をリクエストしてください。リクエストの申し込み用紙は、たいていカウンターに置いてあります。

地元の公共図書館に所蔵がない本は県内の公共図書館や県立図書館から借りることができます。もし、それでも所蔵がなければ、他県の公共図書館や大学図書館、さらにどうしても見つからなければ国立国会図書館からも本を取り寄せられる場合があります。送料の実費負担が必要だったり、館外に持ち出せなかったり、コピーに制限がつくこともあるなど、図書館によって対応は違うのでカウンターで確認してみてください。

リクエストを受けた本は他の図書館から借りるだけでなく、蔵書にしたほうがいいものだったら購入して提供します。余談になりますが、私は短い期間、高校の図書館に勤めていたことがあります。その時、生徒からリクエストを受けた本はなるべく購入するようにしていました。「何でこの本にリクエストがあるんだろう」と、やや腑《ふ》に落ちないものもありましたが、購入しておくと不思議と別の生徒も借りていったりします。同じ高校の生徒なので趣向や関心が似ていたり、高校生向けのメディアなどで話題になっていたのかもしれません。ひとつのリクエストにはたくさんのニーズが隠れているんだなと感じたものです。

リクエストでは取り寄せられない貸し出し禁止の本や雑誌でも、有料でコピーを個人に郵送してくれる図書館が増えています。国立国会図書館でも事前に登録をしておけばコピーを郵送してくれます。コピーを依頼するときには、漠然とした情報ではなく、文献名や該当箇所のページなどをはっきりさせなければなりません。また、それぞれの図書館によって対応は異なるので、申し込む際にはホームページや電話などで確認をしておいてください。

リクエストをするにせよ、コピーを郵送してもらうにせよ、時間はかかるので余裕をもって利用したほうがいいでしょう。

◆図書館員という機能

図書館員は、いつも資料に囲まれて仕事をしているので、図書館のことをよく知っているだけでなく、各種の情報の扱いにも慣れています。あるレファレンスを受けて、どう調べていけばいいのかの引き出しをたくさん持っています。本についての知識や培っているノウハウもあるので「それなら、あの本を見れば一発」というような対応もできます。もし、その図書館で対応できない場合には、他の図書館や専門機関などに調査を依頼するルートもあります。

本の案内くらいならカウンターですぐ対応していけますが、レファレンス・サービスを申し込むのであれば、どういった情報がいつ頃までに必要なのかを伝えたほうがいいでしょう。図書館側でも、それにあわせて調査ができるので助かります。

レファレンスをメールやFAX・手紙などで受け付けている図書館もあります。私個人としては、調査に時間がかかりそうな質問のときは文章でもらった方が対応しやすいし、もし文章にするのが難しいこみ入った質問だったら来館していただいて相談しながらの方が対応しやすいです。電話は質問内容も回答もうまく伝わらないことがあるので、ごく簡単な問い合わせ以外は避けたほうがいいように思えます。

質問内容を伝える際には、今まで自分でどんな調査をしたのか、どんな本を見たのかがわかると、既知の情報の提供を避けられるし、求めている情報をつかみやすいです。また、プライバシーに支障のない程度でかまわないので、ごく簡単にでも知りたい目的がわかればそれに応じた資料を探すこともできます。

私はレファレンスの回答をするとき、自分が調べた過程もなるべく伝えるようにしています。どのデータベースでどんなキーワードを用いたのか、何の情報を手がかりに目的の本に行きついたのかが、質問者の調査の参考になるかもしれないからです。皆さんも図書館員から本を案内してもらったときには「どうして、この情報を見つけられたのか」と訊《き》いてみてはいかがでしょう。次に調べるときに役に立つノウハウが得られるかもしれません。

図書館という空間はちょっとクセがあるので、図書館員という情報案内人をどんどん活用していってください。多少、忙しそうにしていても遠慮なく声をかけてしまって大丈夫です。

◆自分で調べること

ある時、レファレンスのメールを受け取りました。自分が昔、技術系の雑誌に書いた記事を見たいといった質問です。仮に□山△夫さんとしておきます。お名前をデータベースで検索すると、□山△夫の書いた記事が数件ヒットしました。さっそく回答すると、それは探しているものではなくデータベースに収録されているかどうかわからないような小さな記事だそうです。□山さんのメールから「自分が昔書いた記事は、もう見られないのかな」と意気消沈している様子が伝わってきます。

だったら、雑誌を積み重ねてめくっていくしか手段はありません。内心は「自分でめくってね」といいたいのですが、そういうと角が立ちそうなので、とりあえず私が何冊かめくってみました。すると、□山さんの書いた記事がいくつか見つかったので「こんな記事が見つかりましたけど、あとはご自身で来館して雑誌をめくっていくのがいいと思います」と案内しました。数日後、□山さんは来館して、私が手をつけなかった雑誌もめくって「こんなところからも見つかった」と喜んでいらっしゃいました。

この過程で感じたことがあります。

私が雑誌をめくっているときは「□山△夫」という単語を探しているだけです。目的はそれだけなので、他に面白そうな記事があっても「□山△夫」が含まれていなければ素通りします。ある意味で人間検索エンジンみたいなものです。

しかし、□山さん自身がめくる作業をしているとどうでしょうか。同じ雑誌をめくっていても、「□山△夫」以外の記事にも目がとまるはずです。

「昔、一緒に仕事をしていた人だけど、今、何やっているのかな」
「以前は見向きもされなかったような研究だけど、今の技術なら使えそうだ」
なんて考えながらめくることができるでしょう。□山さんが調べる過程を通して得られるものも多いのです。

結局、自分にしかできない調べものがあります。自分の経験、経歴、趣味、性格、すべて調べものの個性になります。私は大学で歴史を専攻していました。歴史はいろいろな分野と関わる学問なので、そこで幅広い視野を身につけられた気もします。一方、私には図書館の枠の中から情報を見つけようとしすぎる傾向があるようで、同僚から「それなら直接、問い合わせてみたら」といわれて「ああそうか」と電話をしたら、すぐに解決してしまうようなことが何度かありました。それも私の調べものの個性なのでしょう。

プロローグで図書館でのレファレンス・サービスは調べもののお手伝いだと書きました。お手伝いなので、図書館員は調べものの主体にはなれません。皆さんの個性を活かすような調べものもできません。

そこから先は、皆さんが膨大な情報と向き合っていくことになります。

◆オリジナリティの大切さ

この本を書くために私が参考にした本は何でしょう。図書館の本だと思いますか。答えは違います。執筆している期間、図書館の本はほとんど読んでいません。強いていえば図書館とは関係ない情報論とか、学者さんが研究をどう進めていくか、なんて本を何冊か読んでヒントを探していました。

もちろん図書館について知るために、図書館の本を読まないといけないこともあります。それは土台の部分です。知識をつけたいときや基礎力をしっかりしたものにしたいときは、その分野の本を複数、読まなくてはなりません。

ただ、そうして得た知識をまとめるだけではオリジナリティは生まれないような気がします。知識をもとに、考えて、咀嚼《そしやく》して、自分なりの意見を出して、はじめてオリジナリティあるものが生まれていきます。

仮に私が図書館サービスについてレポートを提出しないといけないとします。図書館関係の書架を見れば、図書館サービスの本が並んでいます。それらを読めば図書館サービスについてわかります。でも要約してまとめただけでは、あまり面白いレポートにはなりません。

そんな時の触媒にうってつけなのが、他の分野の本です。

基礎力をつけた上で、例えばホテルやコンビニのサービスなど異業種の本で、成功した事例や失敗した事例が出ているものを、いろいろ読んでみます。図書館サービスという問題意識をもって、そういう本を読んでいけば「自分だったらこうするけどな」「応用すれば図書館でも使えそう」と考えていくことができます。公に発表するものであれば、先行研究や実施事例があるのかどうかを、必要に応じて確かめないといけませんが、少なくとも自分の頭で理解して生み出した意見です。

インターネットの場合、検索をすれば閲覧の多いサイトから並び、買いものをしようとすると売れている品物から並びます。記事を読んだり商品を買ったりすると「この記事と関連する情報」とか「この商品を買った人が興味のある品物」などの情報も提供してくれます。なかには「へえ」と思うものもありますが、ようするにコンピュータのシステムが条件をもとに最大公約数を選んで表示しているだけなので、その他大勢の人と同じ方向に導かれているわけです。

近刊の児童書『自然に学ぶものづくり図鑑』(PHP研究所)には、魚の尾びれの動作を小型風力発電機の尾翼に応用したり、ハスの葉が水をはじく仕組みを傘に取り入れたり、自然現象を工業に活かす事例がいくつも載っていました。生き物や自然現象だけでなく伝統工芸など異分野のヒントが、技術のブレイクスルー(これまでと違う方法で現状を打破する、という意味)につながるケースも多々あるようです。

図書館には、自然のこと、伝統のこと、技術のこと、どの分野の本も同じ建物の中に並んでいます。一〇歩も歩けばぜんぜん違う分野の本が目に飛び込んできます。オリジナリティに結びつくヒントがあふれているのです。

◆図書館の枠をこえて

本書の冒頭で「今の時代に図書館は必要か?」と疑問を投げかけました。

検索とは違う調べ方ができること、きっかけにあふれていること、モニターとは違った情報の接し方があること……、これまで私なりに気がついた図書館の長所を、いくつも紹介してきました。もしここで私の答えをまとめるならば、情報への接し方は多様でなくてはならない、そのためにも図書館は必要となります。

私はこの一冊を通して、図書館の普遍的なよさを伝えたいと思いながら書いてきました。ただ、どうしても電子書籍元年などともいわれている二〇一〇年前後の情報環境に引きずられた内容になってしまいます。図書館の中に並んでいる資料だけでは対応できない時代なので、インターネットやデータベースなどからも情報を引き出し、あわせて有効活用をはかっていくことが不可欠です。逆に、電子の媒体だけで全てが事足りるわけでもなく、図書館を活用することで、モニターからでは気がつかないような情報にめぐり会うことができます。

とはいえ、この一冊には収まりきらなかったテーマですが、情報というものは、図書館に並んでいる資料だけでも、モニターに表示される文字や映像だけでもありません。そうしたもので調べれば調べるほど、どこかで既存の情報では満足できないことも出てくるでしょう。自分で実験をしたり、実地調査に行ったり、取材をしたりして、情報を組み合わせて考察していくことも必要になるはずです。

そして、もっと身近なところに目を向けてみてください。

商店街を見回せば、おばちゃんたちの会話、漂ってくる焼き鳥のにおい、軒先に立てかけてある錆《さ》びた自転車、それらにも多くの情報が詰まっています。

田んぼのあぜ道を歩けば、足もとを横切った蛙《かえる》、道端の古い祠《ほこら》、ぽっかり漂っている雲、いずれも人だけが感じて知ることのできる情報です。

図書館は情報を得るための、ひとつの手段にすぎません。けれど、とても魅力のある空間です。この本に書いてきたことは、図書館が持つ多くの可能性を引き出していく手がかりになるはずです。情報とうまく向かい合える人になってもらえれば、一図書館員としてはとても嬉《うれ》しく思います。

栞さんの調べもの⑤ 北太平洋海底に古代の天皇

大学に合格したらハワイにでも連れていってやろうか、とお父さんがいってくれました。それなら受験勉強を頑張ろう、となるところですが、気分はもう「アロハ〜」です。うきうきしながら地球儀を回していたら、日本とハワイの中間くらいの太平洋に天皇海山列と書いてあって、しかも仁徳《にんとく》海山、応神《おうじん》海山、欽明《きんめい》海山が並んでいます。どうして太平洋の海底に古代の天皇の名前があるんだろう、日本人が発見したのかな。

インターネットで検索してみると、天皇海山列（天皇海山群）はハワイからカムチャツカ半島にかけて十数個の山が並んでいて、古代の天皇だけでなく明治海山や皇后の名前の山もあるそうです。一九五四年にアメリカの海洋学者ディーツ（ディッツとも表記）が名付けたのだとか。終戦から一〇年もたっていない時期に、なぜアメリカ人が太平洋の海底に天皇の名前をつけたのでしょう。

気になったので市立図書館で調べてみることにしました。

海底の山って、どの本を見ればいいのか迷いましたが、まず海とか地学の辞典を引いてみることにしました。『海洋大事典』（東京堂出版）や『新版　地学事典』（平凡社）などに天皇海山列のことが簡単に出ていました。天皇海山列はマントルが湧き出して生まれた山々で、ホットスポットといってプレートテクトニクスの証拠になっているそうです。『海の百科事典』（丸善）の「海底に名前をつける」の項目には、天皇海山列だけでなく、秋の七草海山群とか音楽家海山群とか興味深い海の地名も例示してありましたが、そうした名前のつけられた具体的な経緯までは書かれていませんでした。

プレートテクトニクスなどの本も何冊か見てみました。ホットスポットとの関連で天皇海山列が出ている本は多く、天皇海山列がプレートとともに動いていく仕組みは理解できましたが、ほとんどの本で名前の由来については素通りです。気になるはずなんだけどなあ……。

ようやく名前の由来を見つけたのは『深海の科学』（瀧澤美奈子著、ベレ出版）。もしかしたらコラムっぽい感じで出ていないかと思ってめくってみたのでした。「ハワイ・天皇海山列」の項によると、確かなことはわからないが、ディーツ自身が「日本の古代史に興味をもっていたので天皇の名前をつけた」と友人に語った記録が残っているのだとか。ディーツってどんな人だったのかな。ちなみに、現在の国際海図では「北西太平洋海山列（天皇海山列）」と括弧付きで表記されているのだそうです。

私の力では、これ以上は調べられそうもなかったので司書さんに相談してみました。司書さんは「雑誌に何かあるかも」と〈CiNii〉という雑誌文献のデータベースを検索して、杉山明「天皇海山列――発見・命名のいきさつと生成の謎《なぞ》」（『地球科學』59巻1号、二〇〇五年一月）を見つけてくれました。図書館からだと〈CiNii〉を通して無料で本文が閲覧できる文献（定額アクセス可能）なのでパソコンで読んでいくと、ディーツは日本の古代史に興味を持っていた、とか、この命名は好意的な発想と解したい、などの説が紹介されていました。その根拠になっているのは参考文献によると、苛原暲《いらはらあきら》「天皇海山群の話――Dr. Robert S.Dietz の業績」（「水路」16巻3号、一九八七年一〇月）と、佐藤任弘《たかひろ》「天皇海山群」（「科学」41巻12号、一九七一年一二月）です。こちらは〈CiNii〉では本文を閲覧できないし、市立図書館にも所蔵はないそうなので、所蔵をしている県立図書館にどんなことが書いてあるのか確認を頼んでくれることになりました。

数日して県立図書館から返事があったと連絡がありました。二つの文献によると、ディーツは戦後来日して日本の海図や海底の地形などを研究していたそうです。また、ディーツは日本に潜水器具のアクアラングを紹介して、一九五三年には昭和天皇にアクアラングを説明したそうです。天皇とのつながりがまったくなかったわけではないようです。

さらに県立図書館の司書の方がバックナンバーをぱらぱら見ていたら、「水路」16巻1号（一九八七年四月）には、藤井正之「天皇海山列物語」という随想が載っていて、こちらのほうが命名にいたる経緯は詳しく出ていた、という情報もいただきました。海山の発見には一九四二年の陽光丸による調査が大きかったこと、戦時下の日本の海洋学者の熱意に感激したディーツは日本を連想できる名前にしたいと考えて古代の天皇の名前をつけたであろうこと、しかしディーツが学会で名前を発表しても日本人から拍手がなかったこと、それは戦後すぐの日本人には天皇の名前は不可侵なものであるという意識や、日本人が戦時下の陽光丸の調査を知らなかったこと、がまとめてあったそうです。

これらの文献は、そのうち自分で読んでみたいと思いました。やっぱり深く知りたくなったら、専門的な雑誌なんかも見ておく必要があるみたいですね。大学に入ったらそういう調べものもしていきたいです。

でも、その前に受験勉強をしないと。ハワイに向かう飛行機から海の上を眺めるのを励みに、参考書を開きました。

あとがき

前のページに書いた天皇海山列を載せている太平洋プレートの運動も関係して、この本の校正作業の準備をしていた二〇一一年三月一一日、東日本大震災が起こりました。そのとき、私は神奈川県立川崎図書館のカウンターにいました。「書架から離れてください、落下物に注意してください」と声を出しながら、書架がきしみ、本がバサバサと崩れ落ちていくのを目の当たりにしました。図書館のある川崎市川崎区では震度5強の揺れでした。さいわいにも館内で怪我をした方はいませんでした。

その後、各地の被害がテレビなどで刻々と伝わってきます。津波で瓦礫《がれき》の山になってしまった町の有様や、建物が壊れた原子力発電所の映像を見ながら、直後は「こんな状況の中、図書館でなにができるのだろう。調べものの本なんか書いている場合なのかな」と考えてしまったこともあります。

そんなときに科学技術系の返却本の棚を見ました。阪神・淡路大震災の本、地盤や耐震建築の本、水処理技術の本、省エネルギーの本などが目に付きました。誰《だれ》が何の目的で利用したのか知る由はありませんが、今すぐにではなくても、めぐりめぐってでも、これからの生活や防災、被災地の復興などにつながっていくのかなと感じました。

この本に書いてきた調べ方や考え方も、図書館という情報空間を使って何かを知りたい・調べたいと思ったときに、きっと役に立つはずです。読んでくださってありがとうございました。皆さんに図書館でいいことがあるように願っています。

最後になりますが、「栞《しおり》さんの調べもの」などに用いたいくつかの事例は、NPO図書館の学校の機関誌「あうる」に連載していた「レファレンスひろば」で題材にしたものもあります。担当の山田万知代さんをはじめ関係者の方々に感謝します。

また、その「あうる」の連載も参考にして本書の企画を立ててくださった筑摩書房の金子千里さんとは、構成などを一緒に考えながら作業を進めてきました。数々のアドバイスを通して、書き手は編集者に育てられるということを実感しました。この場を借りて心よりお礼を申し上げます。

ちくまプリマー新書160
図書館《としょかん》で調《しら》べる
二〇一一年六月十日　初版第一刷発行
二〇一八年十一月二十五日　初版第三刷発行
著者　高田高史（たかた・たかし）
装幀　クラフト・エヴィング商會
発行者　喜入冬子
発行所　株式会社筑摩書房
東京都台東区蔵前二-五-三　〒一一一-八七五五
電話番号　〇三-五六八七-二六〇一（代表）
印刷・製本　株式会社精興社
ISBN978-4-480-68864-4 C0200 Printed in Japan